JN411589

푸르른 날의 소산

김정평(정재)　제6시집

시와사람

이 도서의 국립중앙도서관 출판예정도서목록(CIP)은 서지정보유통지원시스템
홈페이지(http://seoji.nl.go.kr)와 국가자료종합목록
구축시스템(http://kolis-net.nl.go.kr)에서 이용하실 수 있습니다.
(CIP제어번호 : CIP2020030779)

푸르른 날의 소산

어릴 적 아버지는 갈색 사지군복에 번쩍거린 군화, 헌병완장과 견장 호각줄이 보기 좋게 어깨 위를 흘러내렸고, 검은 안경에 하얀 장갑 권총을 찬 멋진 헌병 아저씨가 되어 휴가를 나오셨다.

작성한 논문이 합격되어 헌병학교에 갈 수 있었다는 경험담을 듣던 그때부터 문학의 씨앗은 척박한 나의 가슴 밭에 싹트기 시작했는지도 모른다.

그러나 근면과 성실로 살아 온 나의 삶은 안위와 화려함 보다는 이어지는 절망과 고난의 연속일 뿐이었다. 그 어려움 속에서도 포기할 줄 모르고 기어이 시와 함께했던 나의 인내에 감사할 뿐이다.

나의 남루를 잊고 영혼의 구석구석을 뒤져왔던 아픈 세월, 원고지 여백 위를 그토록 서성일 때마다 난감한 글쓰기를 그만두고도 싶었지만 미완성의 완성인 나의 시는 결코 죽는 날까지 함께하리라 약속했던 사실만은 분명하다.

보다 천박한 나의 상념과 바람이 실어 온 먼 곳의 독백을 더 미세한 부분까지 받아 적고 싶은 마음만은 아직도 푸르다.

그저 사는 날까지 강건하고 분연히 다가오는 아름다운 시심으로 남은 날이 더욱 보람 있길 바라면서 여기 여섯 번째 시집 『푸르른 날의 소산』을 내어놓는다.

2020년 5월 청파 같은 신록을 바라보며 著者

차 례

2 다시 만난 아리수

3 바다 영원한 꿈의 여백

4 인동초

5 허무의 조각들

1

봄의 소리를 채집하다

잠시 눈을 팔면
봄을 품은 바닷바람은
온갖 삶의 편린들을 실어오고
봄날로 향하는 아련한 길목
녹슬지 않은 푸른 꿈, 목이 마르다

봄밤 야화夜話

산비둘기도 돌아간 지 오래인데
아직 내리던 비는 그칠 줄 모르고
집요하게 엄습하는 사념들만
추녀 끝에 매달려 낙수 따라 뚝뚝 운다.
어둠을 쓸고 간 바람이
향방을 알려줄 이유도 없고
먼저 떠난 벗님은 어느 구천을 떠도는지
그 또한 알 길 없어라
밤은 깊어 자정을 넘는데
꿈을 만날 단잠은 아직 기척도 없고
그리운 옛 생각만 절름거리며 스쳐간다
아, 사념 너도 속절없이 늙었구나.

춘분 서정

꽃샘추위가 창문을 두드린다.
계절은 바람 스치듯 변하는데
비틀거렸던 젊은 날의 기억들 몇
방향모를 길 따라 지금은 외출 중이다
삶은 달릴수록 멀고
꿈은 산 같이 높아 겨운데
날 선 성찰도 때론
길을 밝힌 등불 같기도 하더라.
머지않아 꽃들이 시선을 끌 것이고
웅성거리던 뱀딸기 무리는
봄의 어느 골짜기에 똬리를 틀 것인가
기억을 깨우며 오는 계절이여
인고의 시간을 부여잡은
애기 쑥 언저리 모정의 햇살이 졸고 있다.

나, 지금

시의 푸른 싹을 키우며
곁가지를 전지하던 아픔의 흔적을 지운다.
높고 때론 잔잔한 물결을 타며
여울져 오는 버거운 인생론을 쓸 때마다
갈매기처럼 날으는 날개 하나 달고 싶었다.
이제 태양은 이지러져 서녘에 타고
타는 석양의 열기 한 줌으로
덜 익은 시어들 모아 태우고 나서
실없이 짓는 엷은 미소 사이로
부질없이 새긴 생 하나
하르르 재가 되어 흩날린다.

그해 여름

모깃불이 매캐한 초저녁, 아이들은
뒤께에 풀어뒀던 누렁이를 앞세우고
풍경소리 요란스레 골목길로 들어선다.
아버지는 들어선 누렁이 뱃골을 째리다가
소를 자갈밭에 두었더냐?
뱃구리가 구멍이 나것다. 이놈아.
니 오늘 저녁은 묵을라 생각 말어!
고함소리가 쩌렁쩌렁 담을 넘는 순간
어매는 달려와 나의 손을 잡아끌었다
삼베치마폭에 작은 체구를 묻고는
어서 가자 저 정지 앞에 물 떠 놨다
잠뱅이를 벗기고 사타구니며 고추며
지렁이 기어가듯 마른 이마 언저리
오도독오도독 땟자국을 벗기며
글씨 이놈아 부지런히 뜯끼제,
소가 뭘 묵은 것이 없었뜽갑다
아버지 눈치 밑으로 살살 밥상 앞에 앉으면
보리밥 생된장에 물김치 젓갈 한 접시
허벌라게 처넣던 그 날 밤도
웽웽 모기는 도둑처럼 다가와 뜯어쌓고.

애기난의 출현

뾰쪽하게 얼굴을 내어 민
예리한 애기촉 끝을 발견하는 순간
피아노 건반에 닿는 손끝에서 튀어 나온
가장 높은 음 중 단음의 울림 같은
무언의 놀라운 함성을 날렸다
어미 품에 감싸여 젖을 빠는 아기의 모습
노정의 정겨운 순간을 숨죽여 적어 내렸다
생명의 탄생은 지토록
엄숙하며 환희요 축복인가
암흑의 시간을 열고 모래흙 사이로 일어서서
성난成蘭이 될 때까지 초록의 말씀을 상기하며
연년이 저 탐스런 가을의 초립에서
기어이 한 줄기 튼실한 꽃대로 만날 것을
나의 시선과 굳은 약속의 손을 잡는다.

난향 蘭香

내가 키워낸 난蘭에 꽃이 열렸다
으스러지도록 안고픈 욕망을 깨우는 향
활짝 열린 꽃잎에 점점이 찍힌 마침표들
황갈색 꽃술에서 나를 취하게 하는 매운 향
지그시 눈을 감고 가슴에 꼭 닮은 그림을 그린다.

지하철 출구 계단을 오른
진초록 롱패딩에 허리를 잘록하게 감싼 그녀는
어느 향수보다 더 오묘하게 후각을 잡아 끌었고
바람에 실려 온 여인의 익은 체취에 취해
멀리 사라질 때까지 움직일 수 없었던 그 날
바로 그날이 오버랩 되는 것이다.
늦은 가을 길목
죽도록 사랑하고 픈 욕망에 불을 놓은
잊혀질듯 다시 안을 사랑이여 그리움이여.

복수초

두터운 엄동의 벽
눈 덮인 동토를 차고 올라
가장 먼저
봄을 노래하는 노랑 화신이 있다

너의 바지런한 조상의 가르침을
기어이 실천하는 아픔은
도대체 무엇을 잘못한 아름다움인가
고행의 길 위로 내려앉은 시간의 퇴적층 아래
없는 듯 낙엽을 덮고 오롯이 잠들었다
빈자리에 내린 햇살이 코끝을 간질이면
습관처럼 잠자는 봄을 먼저 깨우는 너
못 다한 말로
못 다한 가슴으로
강산의 푸르름이 목말라할 때
슬프도록 꽃잎을 여는 너 복수초여.

아름다움은 거저 주는 것이 아님을

꽃들은 제 색과 향기와 모양을
꽃이 맺기 전부터 깊은 사고思考에 든다.
어느 가지에 몇 송이의 꽃을 달아야 하고
향기 농도는 얼마쯤 날려야
벌 나비의 환호를 들을 수 있는가를 생각한다.

조상의 혼을 담은 살가운 꽃을 피우기 위해
몇 칼로리의 자양분을 빨아야 하고
몇 날 몇 밤을 힘줄 성긴 역사를 써야 하며
망울이 영글어 꽃이 열리는 시간까지
꽃나무들은 모든 것을 다 알고 있다.
눈먼 시간들을 건너며
어둠의 깊은 암흑 속을 질척거려도
불면의 끝없는 밤을 숙명처럼 건너는 꽃나무
아름다움은 그냥 주는 것이 아님을
뼈 속 깊이 나있는 상처의 무늬까지 볼 수 있을 때
비로소 진정
꽃의 아름다움을 느낄 줄 아는 것이다.

오천동 늦봄

하늘에 마른번개와 천둥소리 요란하다
오천동을 달구어 놓던 봄꽃들도 어지간히 지고
반갑게 손을 잡던 그 계절도 멀어져 가나보다

햇살 받은 백사장의 풍경은 요염한 여인이다
하얀 속살을 내어 놓은 허리쯤에서
물살은 살랑살랑 아랫도리를 쓰다듬는
은모래로 뒹구는 모사금해수욕장*
얼마나 흔들려야
저토록 하얀 슬픔의 미소를 지을 수 있을까
올 여름에도 모래알 같은 사랑의 언어들이
밀물로 왔다 가슴에 꽃 피우고 썰물로 질것이다
시간은 황혼에 물들어 무지개 색으로 흐르고
하얀 모래톱에 노을 한 자락 길게 눕는다
원고지에 욕심을 부리다 무너져 버린 골똘한 시어들
어디쯤에서 행과 연을 끊을까
모래알 같은 시어를 붙잡고 한없이 망설여야 했다
반만 접어 주머니에 넣은 문장 끝 물음표
내일의 완결된 시가 긴 여운을 끌고 올 것이다.

*모사금해수욕장 : 여수시 오천동 소재 하얀 모래사장

무게
-손녀 공부방에서

초등학생 손녀 승연 공부방
걸상 위 나란한 실내화, 그림도구, 책가방,
적진을 향해 진격 나팔소리 기다리는
구릿빛 병사의 용맹스런 눈망울이 있다

가지런한 가방 위로 일곱 빛 무지개가 뜨고
채워 갈 원대한 꿈의 여로위에
어둠을 찢고 오른 찬란한 희망을 보았다

아이야,
충만한 알곡으로 열매지을 원대한 꿈을 키우고
진리와 양심과 삶의 철학을 직조하며
인생을 살찌울 격조 높은 비방을 알아야 한다.

정상의 정복을 위해 깜박거린 의식을 깨워
기어이 산을 품은 산악인 정신으로
창공을 향해 차고 오를 비장의 술수가 담긴
가지런한 고뇌의 보따리가 차라리
완성되어질 비책을 품은 침묵의 미륵바위다.

봄의 소리를 채집하다

수다스런 뱁새는 제 소리를 쓸어 모우고
고로쇠 수액이 솟아난 5부 능선엔
초록빛 봄이 다디단 약수로 흐르더라.
냉기를 등에 지고 밤새워 쏘다니던 바람은
눈과 진눈깨비 섞어 회오리로 내리더니
음흉한 남자의 게걸스런 웃음으로 웃다가
죽지를 접은 채 살포시 소슬대문을 밀고 들었다

TV속 주모의 허접스런 웃음 또는
치마 펄럭이며 휩쓸고 다닌 바람난 과수댁이다.
그래도 봄이여, 나의 봄이여!
개나리, 목련 꽃숭어리
열아홉 가시네 가슴처럼 부풀더라.
진달래 화신과 제비의 행렬은
지금쯤 남녘 어느 언덕을 넘고 있을까.
귀를 열어
움튼 나뭇가지 바람을 읊는 소리와
봄의 발자국 소릴 떨리는 손으로 채집한다.

강진 청자 박물관

도기에 혼을 조각한 도공의 절묘한 기능은
어느 예리한 착상에서 왔을까
천년을 사는 학이며 용과 거북이
아직 열기 식지 않은 가마터에서
켜켜이 쌓인 세월을 거느리고
세상 속으로 어슬렁거리며 기어 나오고 있다.

앞에 서면 판유리 깨질듯 날선 긴장 속
연륜이 할퀴어 떨어져 나간 상흔마저도
차라리 그날의 베드로처럼 위대하다
표표히 흐르는 세월의 강을 흘러
풍상에도 버텨 온 저 큰 산
불구의 몸에서 풍기는 섬세와 오묘의 극치
영원히 지지 않는 순정이었고 열망이었다.

무딘 영혼마저 일으켜 새워 감탄케 하는
창의의 준령 인고의 가시밭 헤쳐 왔을 장엄이여!
땀에 젖어 숙명의 생을 다해 쌓으신
거룩한 산맥의 숨결이 도기마다 흐릅니다.

여로

곱게 펼쳐진 저 들길 끝의 황혼
황혼에 물들어가는 나의 모든 것이
머리 풀린 갈대처럼 허허롭네.
날선 발톱과 매 눈 같은 눈동자를 굴리며
세상을 온통 한달음에 닿고팠던 젊은 야심
그 길은 늘 허기졌고 절뚝거린 험로뿐이었네.
절망할 시간마저 허락받지 못한 삶
그 삶을 등에 지고 앞만 보고 온 사내는
가까이 출렁이는 청빛 바다를 보며
커다란 야망과 희망의 풋풋한 꿈으로 살았네.
돌아보면 손가락 사이로 빠져나간 바람 같은 세월
그 허무한 세월에 절여진 나의 회색빛 석양을 보네
모래톱에 홀로 우는 물새 울음 같은
생은 늘 외롭고 쓸쓸한 석양이었네, 이제
늦은 저물녘 무엇을 더 바라는 꿈을 먹을 것이냐
그냥 이대로 눈 감는다 하여도 그저 감사할 뿐이네.

오월

새 한 마리 푸른 융단 속으로 숨는다
온통 살찐 푸르름의 장관이다
쏜 화살이 시위를 떠나
오월 한 복판을 관통하고 나면
푸른 언어가 콸콸 쏟아질 것 같은
오월, 초록의 향기여
푸른 영혼이여
연륙교 밑으로 굽이치는 물결이
광활한 오월 언덕을 해일처럼 출렁인다.
환상 속을 스친 바람은
지치고 힘들었던 기나긴 어둠을 털어내고
열린 창문에 그려진 풍경에 하루가 청량하다
치열했던 삶의 어두운 굴형을 넘어
오월이여!
가난한 영혼 당신 안에 영원히 잠들게 하소서.

오월이여 안녕 1

초록의 계절이 멀어지면
다가올 땀에 젖은 유월의
폭염에 몸서리칠 험로를 생각한다.

나의 오월은 늘 속정 깊은 연인으로 웃고
사는 길이 언제나 오월 같아야 하고
그를 보낸 후라도 그를 흠모하며
오월에 물든 파란 추억을 생각할 것이다
어찌하여 그는 약속처럼 쉬이 가는가.
오월에 안기어
넘실대는 녹음을 마시던 꿈같은 시절
가속페달을 밟지 않아도 달리는 여왕이여
결코 가야만 하는 숙명이라면
당신과 황홀했던 사랑이 아플지라도
미련 없이 고이 보내드리겠습니다.

오월이여 안녕 2

아이의 맑은 미소로 온 당신은
진초록 망토로 치장한 성숙한 여인이었습니다.
하늘이 내린 오늘 하루가 내겐 최상의 선물
행여 떠난다 해도
오월, 당신을 오래오래 기억 하겠습니다
살다, 백발 되어 휘이휘이 늙어 간 날에도
천사의 미소 같은 당신을
기어이 기억하고 싶습니다.
남은 날도
당신에 취해버린 푸른 언어들
아카시아 향으로 꼭꼭 여미어
석양이 머무는 하루의 끝자락
곱게 익은 노을처럼 살고 싶습니다.

친구생각

그를 생각 할 때마다
그는 내게로 와 그의 보따리 속
함께했던 이야기들을 걸쭉하게 풀어놓았지
참으로 오래 삭은 그리움의 조각들이었어.
보따리를 매고 자주 찾던 그는
십 수 년 전 멀리 소천하고 말았어.

이른 아침 창을 여니 멀어져 간 그가
언제나처럼 소중한 보따릴 안고 와
밀봉된 시간 잠든 상념을 흔들어 깨웠어
불쑥불쑥 마음속을 뛰어 들 때마다
주저리 풀려나온 젊은 날의 보석 같은 무늬들
소중했던 작은 조각들과 그의 얼굴이
시린 가슴에 그리움의 별이 되어 반짝거렸어
행여 내 보따리 풀어 하늘에 날리면
함께 했던 옛길 따라 찾아올 수 있을까
초록 회상을 남기고 연기처럼 사라져간
아침을 촉촉이 적신 옛 친구와의 동행.

다시 쓰는 오우가五友歌

내 벗이 水,石,松,竹,月이라고 하는
산중신곡山中新曲에 수록된
윤선도의 진솔한 시조를 암송해 본다.
인간의 보편적 덕목을
충(忠)의 범주를 돌아들며 쓴 명작이다

이 사상에 들면 인생의 이상이 보이고
나와 나의 벗을
나의 인생을 정립하는 길이며 신조가 된다.
자연친화적 불변의 의미를 사유한
만물 중 다섯의 대상을 선정하여
인간이 지켜야 할 덕목과 접하게 했다

청렴하여 혼탁과 타협하지 않으며
과묵과 깊은 사색의 바위
천년이 가도 입성마저 털지 않는 불변
일편단심 선비의 곧은 절개와
작아도 만물의 암흑을 받아내는 포용
인간의 참 도리를 아로새긴 철학 앞에
어찌 머리 숙이지 아니하랴.

그날의 염원

문학상 응모 원고를 가지런히 묶었다
백지 위에 내려앉은 바다의 붉은 노을에
지난 날의 회한들을 모아 활활 태우며
날개를 달고 싶은 욕망에
심박 음이 묶는 원고지 위를 쿵쿵 밟고 갔다.
광활한 해양
난폭한 파도 소리가 가슴으로 밀려 왔다
고래며 언제나 구슬픈 갈매기 소리와
출렁이는 파도가 휩쓸고 간 나의 원고지
마침내, 나는 시상대의 주인이 되어야 하고
아아, 나는 정녕 나의 시를 사랑할 수 있어야 한다.
일순간 풍선을 타고 날으는 생각들이
모두 현실인 양 착각하는 것이다
나를 떠난 나의 작품은
핏발선 동공을 굴리는 지체 높은 명 심판의
함량을 저울질 하며 무게를 가늠케 될 것이다.
나의 시를 힘겹게 끌고 가는 험준한 길
가슴엔 서풍으로 회오리가 쳤다.

해외동포상 시상식을 보고

생명을 부여받은 한 인간으로 세상에 와
성충 같이 삶을 일궈 온 한낱 미물인 나
무딘 두뇌는 높은 이상을 품지 못했고
시간만 소진해버린 금수 같은 생명체
나는 진정 무엇으로 살았는가.

조국의 위상 만방에 떨친 애국의 길
빛깔 다른 두 하늘을 넘나들며
참을 수 없는 고통과 착란 속에도
용솟음치며 혈관을 적신 자랑스러운 피
조국의 위상 만방에 떨친 애국의 길
그 길은 참으로 멀고먼 험로였으리

임들이 흘린 피와 땀으로
죽는 날까지 한 점 부끄럼 없는
더 높고 견고하고 자랑스런 탑을 쌓으며
눈벌 위 혈흔 같은
선명한 족적 남기고 가신 큰 산이여
장하도다. 대한의 피여
길이 남을 그 정성 그 험로여
한없는 존경과 감사의 꽃다발을 바치노라.

2

다시 만난 아리수

산길 굽이돌아
다소곳이 내려앉은 정겹던 그곳,
울 어매 젖내 나는 앙가슴엔 지금도
내 유년의 청빛 꿈 해맑게 살고 있을까
향기마저 아스라이 스러져 간 지금
사랑이 한 소끔 애달픈 꿈속을 휘넘고...

사모思慕

무척이나 완행을 타셨군요.
당신의 아름다운 품속을
그렇게도 많은 밤을 그리워 했어요.
당신과 속삭이던 밀어들이
온 전신에 알알이 홍역 열꽃으로 돋아
금방 멎을 것 같은 심장을 달래며
애오라지 많은 밤을 뒤척였어요.
늦은 해후일망정
그래도 기어이 찾아왔군요.
오색으로 물들은 황홀한 매무새와
살랑거린 치마끝 바람
하나도 변함없이 간직하셨네요.
이젠 다신 가지 말아요.
신열에 아파하던 그날들이 지겨워요
참으로 소중한 당신이었음을
그토록 오래 앓고 난 후에야 알았어요.
행여 다시 이별이 오노라면
이젠 당신과 함께 떠나고 싶습니다.
늘 그리웠던 풍만한 가을 당신을
이토록 사모할 줄 진정 몰랐거든요.

꿈의 대지 신안

푸른 망토로 멋을 낸 오월의 전남 신안
코끝에 감겨오는 갯내음이
자주색 삘기와 칠면초를 키우고 있었다.
목이 긴 백로는 콕콕 고독을 쪼고
짱뚱어, 방게, 달랑게, 칠게 무리가
유유자적 개펄 위에 흔적을 적었다.
대대손손 내리 소금을 내는 염부는
오늘도 땀에 젖은 이마를 닦고
드디어 하나 된 섬들은
천사대교로 띠를 두른 채
함께 일어서자는 힘찬 외침을 보았다
가난하지만 따뜻한 집을 지으며
창밖으로 떠오르는 태양을 읽는 사람들
그것은 오직 신안의 꿈이요 희망이리라
잔물결 무늬 원경으로 읽으며
어느새
신안 느림의 미학을 적은 갈피에서
날개를 펴 일어서는 푸른 독백을 들었다.

다시 만난 아리수*

-나훈아 빅 콘서트

강산을 우렁우렁 울리다 멈춰버린
영혼을 살찌우던 가황歌皇의 소리
어느 골짝 둥지 틀어 노닐다
희로애락의 영을 넘는 우리소리 아리수여!
손끝 타고 흘러내린 맵시 고운 춤사위
반쯤 뜬 눈에 영혼을 울리는 하늘의 소리
그 소리에 결박結縛되어 석비石碑 되어 듣습니다.

코스모스 하늘거린 고향역 지나
홍시 익은 옛집 들어서니
무명치마 울 어매 흔적조차 볼 수 없고
살구꽃 피고지고 강촌에 살자던 우리 순이
서울 어느 하늘 아래 무거운 삶 등에 지고
해질 무렵 지하철 두 번 갈아타고
옛 시절에 젖으며 집 찾아 가고 있을까?

가황이시여,
죽어 바람처럼 사라질 부질없는 생이라면
살아 또다시 백 년을 노래 할 이유가 있습니다.
삶에 지쳐 헤진 가슴 넘치도록 채운 심혼心魂

살아 있기에 고이 받은 최상의 선물입니다
소천 하는 그날 진혼의 서러움 달래도 좋을
오래토록 그리워 할 우리소리 아리수여.

*아리수 : 2015년 콘서트에서 발표한 가수 나훈아 노래 곡명

돌산 평사리 낙조

그토록 더딘 시간이 흐르고서야
목울대 근처 붉은 열꽃이 피기 시작 했고
치유할 수 없는 중증의 열감기를 보듬고
절벽처럼 고추선 삶의 끝을 서성거렸다

그리움으로 다가와 허무하게 배설해버린 시간과
눈빛 언어로 일생을 걸었던 아내와
어제도 오늘처럼 주황색 꽃물 들인 삶
누군가 오늘의 여정은 다시 올 수 없다 했다
유리알 같이 펼쳐진 허공 속으로
뱁새울음이 얼음장을 찢듯 외마디 비명을 날렸다
침묵마저 팽팽하게 줄을 당기는 그때
산발한 바람이 보리수나무 회초리로 절벽을 때리고
바다가 잠시 외출한 사이
오밀조밀 다도해 섬과 섬 사이로
달구어진 무쇠덩어리가 서서히 식어갔다

심산계곡 편안히 앉은 기도도량에서
알듯 모를듯 법문을 듣고 오던 휘청이던 밤도
아직 곧은 신작로 하나쯤 놓을 수 있다 다짐하며
비틀거린 퇴로를 손전등으로 태우던 밤이 지나면
약속처럼 붉은 해는 다시 환한 미소를 뿌리리라.

두꺼운 열기의 벽

찜통더위에 비틀거린 유월 오후 세 시
구름도 바삐 달리던 걸음을 멈추었다
힘에 겨워 비틀거린 심박心搏소리에
불더위 오후가 저만큼 늘어져 있다
부채질 하던 울 할매 휘청거리는 발걸음이
달구어진 신작로 위를 저벅저벅 걸어 나온다
유월은 눈 뜬 갈증의 신경줄로 흐르고
아내는 질펀한 유월을 대충 잡아
듬성듬성 손바느질로 건너뛰는 중이다
땀에 젖어 초라한 꿈의 날개를
어설프게 꿰매는 시간 속에도
어둠을 핥던 들고양이는
어느 그늘에서 두 동공을 감추는가.

비

유리창에 모로스부호를 날리는
숨가쁜 신호음을 들으며
허공을 뛰어든 담대한 너를 만난다
잎새들이 첩첩이 쌓인 미로의 페이지 위에
추락에 관한 불변의 법칙을 설파하며
아주 낮은 소리로 내려앉은 길손이 있다
전생에 나부꼈던 너는
발가벗은 채 낮세낮게 몸을 누이고
알몸으로 드넓은 대지를 보듬어 안은 너
하늘이 주는 희망 또는 절망의 몸이었다가
때론 타는 목마름까지 베풀어주는 자선
길 위를 적신 저 암갈색 화합의 정신
스스로 갈 길을 찾아가는 물뱀 무리
안주할 종착지는 기어이 비밀로 두자
천성이 포용하며 용서하며
끝내 화합하는 겸손의 말씀으로
스스로의 자존까지 지켜내는
인간에게 영원한 근원이며 생명이다.

생을 줍는 다는 것

아직 어둠을 벗지 않은 아침은
고양이 한 마릴 조심스레 내어 놓는다
이른 시간 저 사악한 동물도
어딘가에 있을 생을 줍고자
무거운 발걸음을 내딛는다

삶을 지고 가는 것
무에서 유를 창조하는 것
그래서 생을 줍는다는 것은
사지가 늘어지고
밤마다 몇 번씩 꿈의 거울을 깨부셔도
오늘도 어제 같은 허기 뿐이다
아침이 성숙해지고 대지가 눈을 뜨면
저 동물의 두려운 적선을 향한 발길처럼
인간이 응당 찾아가야 할 희망을 위해
황랑한 거리에 무거운 발길을 놓을 것이다

오늘도 선명한 절개지에
포클레인의 으르렁대는 질주를 따라 걷다가
젖어버린 남루한 하루가 무겁게 내려 덮는다.

시월하늘 · 1

하얀 갈대들이 풍요의 계절을 넘실거렸다
어둠이 혀를 널름거린 하루 끝자락
철새 꼬리에 매달려가는 애달픈 언어를
기어이 음미하고 싶지 않은 시간
시월 하늘이 푸른 강물로 흐르더라.

절름거린 가을이 물고기처럼 팔딱거린다.
가까이 오는 이별의 아픔을
철새는 그 속내 줄지어 받아 적지만
제 몸이 남으로 가야할 이유도 모른 채
먼 허공 한 복판을 길게 찢으며 날더라.

갈색으로 푸석거린 낙엽의 사연
귀를 열어 듣노라면 참으로 애절하다
순정이었고 절망이었다.
때론 푸른 희망의 잔치를 벌려
꽃잎이 순서 없이 고공을 날 때도 있었다.
숙명 앞에 물끄러미 한 시절을 응시한다.

시월하늘 · 2

시월의 청아한 하늘 길
비단자락 깔린 능선 넘어
기러기 떼 산 넘어 가네

다 못 쓴 인생 이야기도
파란 창문 너머로
유유히 흘러가네,

잘 익은 계절을 끌고
기러기 떼 산 넘어 가네.

어머니의 자서전

장수리 개펄은 어머니가 갈고닦던 생명의 벌판이다
간조가 되면 젖무덤 같은 풍만한 살을 내어 주고
어머니는 약속처럼 그 위에 당신의 일생을 쓰셨다
계절 따라 굴과 바지락 파래며 갯지렁이가 나왔고
그것들은 일용할 쌀과 보리와 우리들의 학비가 되었다
언제부턴가 어머니의 갯펄 궤적이 흔들리기 시작했고
저기압 기척을 먼저 알고 안방 깊숙이 자리를 펴셨다
야윈 다리엔 갯지렁이 같은 정맥류가 꿈틀거렸고
허리와 어깨쯤엔 소염진통파스가 화전밭처럼 늘어갔다
몇 번씩 빠져나간 손발톱과 지문 없는 손끝은
당신의 일생을 넘던 세월처럼 거칠고 서걱거렸다
유년을 키워준 장수리 개펄은
서럽게 살아온 어머니의 생을 써 내린 자서전이다
세월의 무게로 굽은 허리 낡은 유모차에 얹으시고
눈을 감아도 속내 훤히 알고 있는 어머니는
젖은 눈으로 누운 개펄 위를 천천히 건너고 있었다.

썰물

흑백 필름 같은 흐린 기억 속에는
누벼 입은 어머니의 치마 자락을
몇 번이고 넘어져도 놓지 않으려 움켜잡던
아, 그 날의 아픈 기억들이
얼마나 깊었기에 이토록 서러운 눈물이 되었을까.
허리 휘어 절름거리며 스치는
저 푸르던 날은 가고
퇴색되어 사위어간 회억들만 어른거린다.

내 인생 가을 단풍색으로 익어
흙묻은 손, 새 쫓던 청아한 소리 전설처럼 회상하며
쑥부쟁이 보랏빛 미소로 삶이 다하는 그날까지
노을에 젖어 떠가는 그 환상의 섬*을 생각하자.

청빛 바다위로 물떼새 날으고
까틀복숭아 산돌배 무르익던 언덕에
철따라 바람꽃 피고 까치도 반겨 울던
정답던 그곳이 썰물처럼 아스라이 멀어져가고.

*환상의 섬 : 고흥군 봉래면 나로도- 시인의 고향

영원한 자유를 위하여

낙엽 떠나보내고 십년은 늙어버린 숲
숨소리 마저 들리지 않는 정적 속으로
밤길 익숙한 그 새는 어느 언덕을 넘고 있을까

고독에 깃들기 좋아하는 나의 습성을 알고
나는 그 긴 날을 고독을 마련키 위해 열중이었다.
요즘의 내 모습을 가감 없이 새鳥로 명명하고
점점 쇠약해져 가는 나의 신경줄을 다독이며
하루에도 수많은 나의 새들을 날려 보낸다
새처럼 비상하는 영혼이 되기로 작정한 것이다
수전증으로 떨리는 손이 내게로 오고
중증의 건망증에 마비된 더듬이를 한탄하는 새
죽음마저 나의 죽음이 아닌 나와 무관한
산속 깊은 바위끝 생명을 내려놓은 새에게
허위허위 타성의 주검을 의뢰하는 것이다
떠나는 새를 위해 결별을 선언할 것이다
무엇이 더 나를 주눅 들게 할 것인가
무엇이 더 어둠의 공포를 짐 지워 줄 것인가.
영원한 자유 끝없는 자유를 나는 사유할 것이다.

금오섬 우리 고모

내 철들기 전 아이 못 낳는다 소박 맞은 우리 고모
만삭의 배처럼 불룩한 금오섬이 부러워
아이 넷 둔 홀아비와 비둘기 둥지를 짓고
갈파래 빛 희망 하나로 일생을 저당하고 말았다
세월에 정들어 금오섬 닮은 아들 둘 낳고
감자밭 이랑을 거북걸음으로 휘적휘적 넘다가
금오섬 복사꽃숭어리 필 무렵
고모는 우학리 선창에서 물의 벽을 차고 올라
돌미역과 성게와 불가사리들의 눈총을 받으며
찰랑거림의 여울을 뜰채로 뚝뚝 떠내며 살았다
상처 성긴 지느러미로 파도를 타고 건너는 밤이면
서녘 고흥 땅 친정 안부가 저녁별로 가물거렸다
신포앞 파란 물빛으로 넘실거린 청춘도 가고
곱던 얼굴에 파도 주름살이 철석이던 당신은
바다 옆구리만 파먹다 새우등처럼 휘어져
할미꽃 여린 향 따라 허위허위 가시었다
우리 고모 옛 그림자 알알이 박힌 우학리 선창
바람의 뼈가 할퀴고 간 곱사등 부두에 앉아
찢겨져 너덜거린 물그림자만 온종일 휘저어도
우리 고모 발자국 하나 건져올리지 못했다.

귀향

–친구의 귀향을 축하하며

우리 할배, 아배가 두고간 땅
추억이 졸던 아늑한 탯자리 두고
꿈 찾아 떠돌던 먼먼 길 돌아
그립던 고향에 야윈 몸을 놓는다.

떠날 때 어머님 손사래 치던 언덕엔
무정한 잡초만 키를 넘는데
그리운 내 부모 간 곳 없고
무정한 두견새 소리만 가슴을 적시더라.

그토록 그리던 고향 언덕
어매 젖무덤 같은 둥지를 놓고
남은 날 살찌게 가꾸고 키우며
노을 고운 인생 황혼녘
강건하고 알찬 열매로 곱게 익어가소서.

어머니, 꿈이었군요

가신지 벌써 얼마입니까.
잊혀질듯 아니 잊지 못한 당신께서
지난밤은 선명하게 오래도록 함께했습니다.
사랑표현에 인색하신 우리 어매
꿈에서도 손 한번 잡아주지 않으시고
기어이 가셔야한다시며
몸을 일으켜 서둘러 떠나시던 당신
그렇게 그리웠던 당신의 체취
온 밤 취하고 또 취했습니다.
먹을거리 풍성한 그곳이
아마 당신이 계신 곳 저승이라면
이제 그 무겁던 짐 내려놓아도 되겠군요.
심기 약한 아들 달래시려
먼 길 돌아 늦은 밤 꿈으로 오셨나요.
아무리 힘들어도 이 길이 내 길인데
시린 삶 달래가며 걸어야 되겠지요.
삶이 온통 절망으로 저당했다 하여도
흐린 날도 맑다 하고 울며울며 가렵니다.
어머니,
못난 자식 더러 밟히시거든
휘청거린 나의 길이나 부디 살펴주옵소서.

그 집

조부께서 신접살림 나시던 먼 옛날
제일 좋은 재목으로 기둥이며 서까래
이산 저산 헤매며 상목上木으로 지은 집
그곳에서 울 어매 지독한 산통을 듣고
내 세상에 온 것을 지긋이 지켜봐 준 집
철따라 대숲바람에 봄을 피워내고
여름이면 울울창창 솔바람에 땀을 식히며
아름드리 배나무 다디단 배들로 풍성했던 집
가을이면 감나무 굵은 홍시가 열리고
주먹만큼 튼실한 외톨 밤 떨구던 살진 밤나무
뒤뜰 유자향 온 누리를 휘감던 그 집
윤회의 수레타고 와 만나는 그 집 근처
못 잊을 그곳이 우주선 조립동이 되었으니
발길 서성이며 비틀거린 젊은 날의 기억 몇이
철석이는 파도소리 와와 울어 예는
넘치도록 찰방이는 시간 엮어 추억을 마신다.

향수 · 1

눈을 감으면 먼 그리움의 강물로 흘러와도
어머니, 사랑하는 나의 어머니
물설고 낯선 길 그토록 멀고 또 멀었습니다.

병풍처럼 펼쳐져 풍경화로 계절을 그린 산
비릿한 바람이 갯내음을 실어오던 앞바다
그곳이 꿈에도 못 잊을 어머니 같은 고향입니다.
청빛 연정에 가슴 떨리던 시절
비에 젖은 길가 민들레 같은 순수
꿩 사냥에 산길을 쫓던 능선 위의 싱그러운 자유와
뼈와 살을 키워 알맹이 가득한 인간으로 빚어낸 정
분주한 삶의 파고를 타며 가쁜 숨 헐떡이던 날도
눈감으면 그리움의 꽃으로 피어나던 그곳
세상 속으로 야멸차게 밀어버리던 그날도
꺼이꺼이 눈물 닦으며 돌아서던 정든 곳이 있습니다.
두고 온 낡은 회억으로 이엉을 엮는 그곳
돌아 갈 수 없는 내 어머니 같은 고향이 있습니다.

향수 · 2

봄은 엳은개를 돌아 새우굴 끝으로 오고
새우굴 절벽에 걸린 생강나무 노랑꽃이 피면
원추리, 바위손, 풍란이 뒤따라 봄을 피워냈다
바다만 낚아먹던 외눈 칠석이가
물살 돌아나간 마당바위 아래서
감성돔 섞어 깔다구 한 망태를 건졌다고
빨래터 여인네들은 놀란 눈으로 소곤거렸다
여름은 동바다 시루여 등을 타고 왔고
가을은 목섬 뒤께 가마우지 울음 따라 돌아오고
겨울은 매날이끝 귓불 핥은 북서풍을 타고와
고향의 사계는 그렇게 물레방아 돌듯 찾아들었다
밭갈이 농부의 소 쫓는 소리 송곳재를 넘고 나면
뿌리 끝에 힘을 준 악착같은 삶이 나이테를 놓고
그렇게 한 해는 흥겨운 농악소리와 함께 뒷산을 넘었다
언제 왔다 언제 가는지 모른 사계절
보리 몇 섬 고구마 몇 가마가 한 해 수확의 전부
눈도 귀도 먼 산골의 한해는 허기진 구름으로 흘렀다.

*시루여, 엳은개, 새우굴, 목섬, 매날이끝, 송곳재 : 고향의 각 지명

향수 · 3
-고향 순례

초병이 육중한 출입문을 여는 순간 굽이쳐 흐르던 산길은 뱀처럼 기어가고 차는 책갈피 넘기듯 곡진 산자락 한 겹 한 겹을 펼쳐들었다. 초립에 서니 스쳐버린 날들이 꿈으로 다가선다, 우슬개*, 물롱골*, 엳은개*, 장가죽*, 매날이끝*, 잊고 살았던 정겨운 이름들이 야윈 가슴 언저리로 파편처럼 박혀들었다, 다가갈 수 없는 이방의 거리에서 가슴 뛰는 첫사랑으로 만난다, 돌아와 네 앞에 서니 먼 그리움의 강물은 늙은 나의 전신을 휩쓸고 갔다. 고향이여, 향수에 굶주리며 살았어도 결코 비굴하거나 나약하진 않았다, 주저리 열린 전설마저 사라져버린 이방의 땅, 허무한 바람만 이마를 스칠 뿐, 앞바다 일렁이는 파도만 그날처럼 철석 거렸다. 우주항공의 요람, 육중한 외투로 치장한 현대식 빌딩들만 도도하게 버티고 서서 낯선 이방인을 퉁명스레 쳐다볼 뿐이다, 모두가 떠나고 없는 정든 고향 옛터 아! 허무뿐인 나의 탯자리, 젖어버린 남루한 꿈의 날개를 슬픈 눈으로 안타까이 접어야 했다. 마지막 정박을 소원했던 나의 아름다운 항구여 이젠 안녕.

*우슬개, 물롱골, 엳은개, 장가죽, 매날이끝 : 고향 지명들

향수 · 4
-배신한 그 여자

고흥 나로도 하반마을에 가면
언제라도 버선발로 뛰어 나올 것 같은
나의 그리운 첫사랑이 살고 있었어.

젊은 시절 죽도록 매달리던 그녀를
사정없이 버리고 떠나왔던 게 아파
아련한 추억을 안고
산길 돌아 아홉 등 아홉 골 넘어
나의 유년을 적은 산이며 들이며
철썩이는 파도소리 있는 그곳에 닿았지.

아! 그런데, 그런데 말이야
그토록 아름답던 그녀가
하늘을 찌를 듯 높은 빌딩 연구실을 짓고
세련된 우주항공연구 전문가가 되어 있었어.

그토록 그리워하던 그 사람이
붉은 댕기 치렁한 양순했던 그녀가
투피스 정장에 금테안경 쓴 복부인이 되어
천박한 이방인을 아는 척도 안하는 거 있지

에라 이 무정한 여자야!
그래도 그토록 좋았던 옛정 때문에
행여 그 시린 기억이나 찾아낼 줄 알고
잠시 나의 몰골을 보란 듯 내어보여도
진정 모르더라, 변했더라, 첫사랑 그 여자는.

회한悔恨의 강

-망향시비 원문

떠나야 함이 하늘의 뜻일런가
실향의 잿빛 마음 자락
붉디붉은 서녘 노을에 물들고
눈물 한 방울에
하 많은 추억을 씻고는
정처 없이 돌아가야 함은
천추에 맺힌 원한이라
목 놓아 울던 억새마저
어서 돌아가라 손사래를 치는데
서천에 걸린 구름처럼
그저 떠돌다가
새벽꿈에나 찾아 올
어머님 품 같은 하반 마을이여.

*고향을 그리는 마음으로 2016년 11월 나로항공우주과학관 앞 광장에 세워진 시비 전문.

3

바다 그 영원한 꿈의 여백

그대 출렁이는 물살
두런거린 목쉰 노래는
얼마나 불렀기에
골마다 깊이 쌓인 한숨이 되었을까?
차라리 새처럼 훨훨 날라나가던지
구름처럼 두둥실 흘러나 가려무나.

여름을 읽다

내리꽂는 불더위가
건물의 유리창에 번개처럼 번뜩이고
열기는 날카로운 파편이 되어 흩어져갔다
미처 활기를 찾지 못한 풀잎이
생기를 떨구는 열기의 중심에서
풀벌레도 오수에 들어 정오는 적막이다
평온을 잃은 피돌기가 꽈리처럼 부풀어
그로기 직전의 권투선수처럼
한계에 전율하는 한낮이 가면
독침 든 모기떼가 칼춤을 추며 달려든다.

인고의 하루를 건너온 우리의 민초들은
쌓인 피로를 덜며 잠에나 들 수 있을까
땡벌 같은 성깔로 심술만 부리고
그악스런 불더위에 검게 탄 피부
순도 높은 불쾌지수 한계를 넘는
평온을 잃어 휘청이는 밤
쪽잠으로 고통의 한 밤을 베고 눕는다.

중국 원가계의 잔상

원가계 입구 절경에 취한 버스는
자연이 쓴 처절한 아름다움에 길을 멈춘다.
수 만년 숙성된 석회암의 극치
괴암 괴석이 병풍처럼 펼쳐져
시위 중인 군중들의 무언의 함성이 높다
과감히 드러낸 여인의 나상과
학의 무리가 나래를 펴 날으고
스핑크스의 좌상 같은 명작들이
길손의 운신을 휘어잡는 저 신의 함성
천태만상의 걸작들로 척박한 땅 위에
수수만년을 이어
신의 거룩한 명령을 적어내고 있었다.
원가계 풍광은 인류의 붓끝에 살아나
끝없는 감탄의 필설로 빚어낼 것이다.

조형의 도시 아부다비
-중동근로자의 일기

도시의 심장을 향해 달려든 흙바람을
무표정으로 온 밤 굳건히 버티고 서서
아침을 맞는 도시는 굳어있는 암회색 화석이다

아무 일도 없는 듯
먼지를 툭툭 털고 일어서는 중동 아부다비
오늘도 어제처럼 정들지 않는 이국의 사막을
하이에나처럼 먹이를 구하며
어슬렁대는 우리 형제 중동 근로자는
무거운 몸으로 모래톱을 뒤져 진주를 찾는다.

끝없는 사막 뿐인 죽음의 도시가
하늘이 내린 생명수 같은 오일달러로
현대식 건축설계로 극치의 전시장이 된 조형도시
하루를 달려 온 끝자락에 서면
어느덧 대낮 같은 환한 등불을 달고
빌딩은 휘황한 절경 속으로 온 몸을 내어 민다
두 얼굴의 도시가 환락의 밤으로 물들어 가고
꼬리를 물고 달리는 자동차 불빛이 광란이다.

해변에서 줍던 조개껍질 같은 저녁달이
아질아질 빌딩 꼭대기 위를 미끄러져 가면
천근으로 내려앉은 심사에 촉촉이 젖는 향수가
가장이라는 이름으로 인내의 한계를 넘으며
어금니를 깨무는 밤 서슬 퍼런 생존의 일선에서
중동 근로자의 심사는 밤의 깊이 만큼 무겁고 차다.

생을 위한 몸부림

-참치 잡이 그 끝없는 항진

아마 서쪽 방향쯤 될게다, 수평선 너머로
불덩이가 쉿물을 튀기며 스멀스멀 꺼져가도
삶을 캐기 위해 쉼 없이 작동하는 기계처럼
우리들은 충직한 엔진의 부속품일 뿐이었다.
얼마나 헤쳐온 바다인가 분간도 흐려지던 그 때
고개를 들어 밤의 중심을 쏘아 본다, 거기엔
어둠의 굴형에 빠져 살아온 아픈 세월이 질척거렸다
자리를 다투다 떨어진 별 가루를 쪼기 위해
날치 떼들은 하늘 향해 제 힘껏 날아오르고
낚여 온 참치는 뱃전에서 온 힘을 다해 퍼덕거렸다
어쩜 이 혼신을 다해 요동치는 처절함은
헤일 수 없는 낮과 밤을 송두리째 불사르는
바다사나이들의 끝없는 몸부림 바로 그것 이었다
신대륙 발견을 위해 두려움과 생명을 담보한
콜럼버스의 끝없는 항진이 분명 이랬을까
저 푸른 물결은 청춘을 앗아간 아픈 시간의 칼
번뜩이는 칼날에 청춘은 싹둑싹둑 잘려나가고 있었다.
늑골을 짓누른 시간이 갈수록 눈빛은 형형해지고*
지탱할 수 없는 암흑의 시간을 끝없이 헤쳐 가는 것이다
참치잡이 어부는 일 년이면 절반 이상을 그렇게

고독과 공포 속에 사투를 벌이고 나서야
우리들의 기름진 신대륙에 안위의 발을 놓는 것이다.

*형형하다 : 반짝반짝 빛나다.

날마다 허물 벗는 꿈

바다, 흔들리는 여울을 타고 시린 꿈이 피는가,
협소한 미로를 타며 바위틈을 뒤지는
뱀드락지, 불무탱이, 놀래미와 문조리, 쐐기, 깨장어
무한의 자유와 넓게 뚫린 천만 리 해류를 외면한 채
바위틈을 뒤지며 기생하는 삼류 어류가 있다
그 계절의 낯선 창 밖을 서성이며 꿈 하나로 내일을 키운다.
오늘도 힘 있고 덩치 큰 녀석들의 눈치를 살피며
민낯이 카멜레온 같은 저 드높은 하늘을 날기 위해
황홀한 꿈은 결코 버리지 못하고 지느러미에 힘을 쏟는다.
잠시라도 한 눈 팔지 않고 등이 휘도록 떠돌던 생
마지막 그날이 올 때까지 소원 성취는 못할지라도
임제 의현의 시*를 아로새기며
우리가 걷는 길 대어만큼 소중함을 잊지 않으리라
솟구치고 소용돌이치며 생명을 잃을 급박한 순간에도
눈벌 위 힘줄 성긴 그날의 살진 꿈을 키우며
거센 백파의 무정을 온 몸으로 버티며 협진 소로를 탄다.

*임제 의현선사(臨濟 義玄禪師)

是是非非 都不關 (시시비비 도불관)
옳고 그른 세속의 시비 나와는 아무 상관이 없도다

山山水水 任自閒 (산산수수 임자한)
산은 산이요 물은 물이나니 그저 그 뿐

莫問西天 安養國 (막간서천 안양국)
서방세계 천국이 어디 있냐고 묻지 마라

白雲斷處 有青山 (백운단처 유청산)
흰 구름 걷히면 그 곳이 바로 청산인 것을 ...

돌돔의 일생을 스캔하다

온몸에 검은 줄무늬, 은빛 망토를 두른 난 상어보다 고래보다 높은 귀족의 후예이며 바다의 용맹한 전사다. 사포처럼 거친 피부로 난바다의 물살을 스윽 떼어내 칼날 비늘로 촘촘히 장식하고 인디언 투구처럼 열두 개의 독침을 꽂은 위용의 갑옷으로 철저하게 무장한 나는 용맹스러운 천하장사 돌돔이다. 바다의 늑골 같은 강한 척추와 무쇠 턱으로 갑각류와 패류의 등껍질을 아작낸다. 나의 조상은 악어의 심장을 이식한 냉혈종이나 황소의 우직과 코끼리의 담대함을 겸비한 바다의 황족이다. 비호같은 추진력으로 낚시꾼의 방심한 순간을 낚아채 장대의 긴장을 뚝, 부러뜨리고 심해를 단숨에 가르는 기개氣概와 무쇠체력은 태풍의 갈비뼈만큼 경이롭다. 해류의 알통을 비틀어 보이는 칠월의 평도* 모기섬, 땡볕 아래 베테랑 낚시꾼과 샅바를 붙잡고 겨룬 무공이 이제는 아련한 전설로 남아 빈 하늘엔 뜬구름만 한가로운 저물녘, 도마 위에서 먼 레테의 강을 건너고 있다. 이승의 이쪽과 저쪽에서 비릿한 바다바람에 오롯이 전신을 풍장하며 못내 바다를 추억한다. 포말이 소용돌이치는 직벽을 타고 오르내리며 파도 속을 유영하던 나는, 유전학적 우수 혈통으로 영원하며 최상의 귀족임을 자인한다. 불현듯 찬란한 희망을 내게 바친 영혼들에 속죄의 잔을 들고 보시의 막다른 길, 비로소 원대한 꿈의 해류를 주름잡던 바다를 초점 잃은 눈빛에 담아 한 생을 묻는다.

*평도 : 여수시 삼산면의 섬 이름

고흥 발포항 낙조

한 폭 풍경화를 시리도록 묵시默視하다
애써 토해 놓은 절뚝거린 시어들이
이제 막 비우고 난 빈 종이컵에서
절망처럼 구겨진 채 툭 떨어져 굴러 간다
아침녘 뜬소문처럼 휘돌아 나갔던 썰물이
덩치 큰 여인네 퍼진 엉덩이 내어 밀 듯
밀물 되어 슬며시 마른 모래톱을 적실 때
코를 박은 파래체취선 한 척
타는 석양을 만선으로 펴 실어 놓고
주인은 잠시 대폿집에 세월을 마시나보다
어스름은 물새 한 마릴 통째로 삼키고
부아치민 망둥어 한 마리
튀어나온 눈을 부라리며 제 힘껏 허공을 쳤다.
종종 걸음으로 귀가 중인 아낙들의
바지락 바구니에 넘친 수다덩어리가
해진 적삼 끝에 매달려 졸랑졸랑 따라가는.

노숙하는 섬

아무도 범접하지 않는 순수의 고독
섬은 나를 보고 어서 오라 손짓하여도
여기 삭은 정 때문에 차마 갈 수가 없다

최초 입도자入島者가 찍은 발자국은
수절하듯 푸른 이끼들로 흔적을 키웠다
돌미역 거북손 불가사리가 제 터를 지키고
쉼 없이 흔들리는 섬의 둔덕엔
개머위 산나리 원추리 따위가
태곳적 미소를 함초롬히 머금고
풍랑이 칠수록 화려하게 피어 안기는 섬
쓰라릴수록 눈물은 더욱 영글어
해류에 살을 내주어 아득한 절벽도 키웠다
바람도 꽃이 되어 피어나는 섬은
엎드려 고립의 등이 슬프도록 적막하다.

늙은 어부의 꿈

해무리에 조도 흐려진 해가 서쪽 산마루에 걸릴 쯤
가마우지는 뻘밭 간짓대 끝에 선잠에 들고
바닷물은 비웠던 자릴 찾아 또다시 개펄 위로 기어들었다
찾아든 바다가 소곤소곤 안부를 묻는 모양이다.
바다가 속닥이는 귀엣말도 알아듣지 못하면서
바다의 시만 파먹는 난 참으로 우둔한 시인이다

갯내가 한 옥타브 높은 농도로 짙어지면
말 못할 사연 알고나 싶어 뒤척이는 바다를 들췄다
짙은 펄색으로 가득한 암회색 바다 속에는
아직도 사랑하는 가족 품에 안기지 못한 원귀들이
천당과 지옥을 서성이며 서러운 파도에 휩쓸리고 있었다.
그렇게 바다는 가엽고 슬픈 목숨을 앗아간 후에야 드디어
평생 모아도 빈 통장 같은 그물 속 고기떼를 담아주는 것이다

그토록 바지런히 썰던 아버지의 바다는
천 갈래 만 갈래로 뒤척이며 찢어질 뿐
재봉틀 노루발 같이 바다를 기우며 돌아오던 뱃길도
드넓은 바다를 갈아엎던 어부도 바다와 함께 늙어갔다
퍼덕이던 바다의 이야기만 온 종일 퍼 마시던 늙은 어부는
경로당 구석에서 옛 바다의 꿈에 비틀비틀 취해가고 있었다.

매물도 편지

조금은 멀리 나앉아 둥실 떠가며 살아도
자존과 오기 하나로 버텨온 세월
혼불 주워담다 미친 듯 꽃울음 터트려도
섬들은 물거울 보며 자궁을 열 날을 위해
안에 있는 모든 것을 보듬고 사랑하며 살지요

둔덕 오르면 지천에 방풍, 산나리, 원추리,
노갈, 때죽, 생강, 사람주, 쪽동백, 소사나무
사시사철 새 옷 입고 초라하지 않게 살지요
내 안에 나를 사랑하고 나를 베고 누워
파도 철썩이는 바위 끝마다
홍합 거북손 미역 파래 배말 톳들도 키우지요

돌아가거들랑
큰 섬 작은 섬 등대섬까지 보듬어 안고
저기 거제 앞 그 실낙원 꼭 일본 닮은
꿈길처럼 아늑한 섬 하나 있다 전해 주오.

바다 영원한 꿈의 여백

선장은 펼쳐진 바다의 길을 찾아
잠들지 않는 흔들림의 속내를 알기 위해
바다 심장 깊숙이 청진봉을 꽂는다.

바다를 캐는 사람들이 갈구하는 꿈은 오로지
퍼덕거린 생선을 그물 가득 담아오는 일이다
만선의 기쁨을 넘치도록 가득 채우는 일이다
만선을 갈구하는 바다 사람의 영원한 꿈을 위해
넓고 푸른 바다를 갈고 또 갈아엎는 일이다
꿈을 이루고 항구에 안착하고픈 패기를 장전하며
그들의 시선은 바다 새의 수상한 비상을 살피고
드나나는 물길의 걸음이 늦고 빠름을 살펴야 하며
거친 숨소리도 예측하는 예리한 직감도 겸비하고
어디서부터 어디로 물살을 썰어야 하는지를
한 번 더 생각한 자에게만 보람을 허락하는 것이다.
파도 등 위에 흰물떼새 날개가 집어등에 반짝 날카롭다
오직 광활한 대지에 산 같은 꿈을 펴 신기 위해
반쪽 짜리 잠으로 한 세월을 달랠 때는
차라리 사나운 태풍의 기척이 그리울 때도 있다.
바다의 영원한 꿈의 여백을 가득 채우기 위해
고래처럼 가픈 숨을 토하며 끝없이 흘러갈 뿐이다.

범고래의 근성을 장전하다

파란 물감을 잉태한 만삭의 봄이
양양 남대천 들머리에 C단조 화음을 던졌다
검은 눈의 새끼연어들은 한 몸이어야 산다고
고래의 몸으로 하나 되어 바다를 가르며
드디어 일깨운 항해술의 첫 페이지를 펼친다.
베링해 심장을 향해 첩첩 바다를 열며
해도위에 태양도 차가운 캄차카반도 끝
우우 황소울음으로 목이 쉬도록 울고 있는
등대머리쯤 정확하게 중간 기항지의 핀을 꽂았다
해류를 썰며 기어이 기항지 까지 안착하고 픈
그들의 패기는 저기압의 고집만큼 경이롭다
바다사자와 샤치의 성긴 이빨이 목줄을 노렸고
방향을 일러주는 어떤 표지도 없었음으로
최신 무선항법으로 더듬이처럼 길을 찾았다
갈매기들은 꽃잎 떨구듯 우수수 바다 위에 투신하고
가까스로 잡은 기항지의 옷섶에서
남은 항주를 위해 범고래의 가훈을 수혈하였다.
회항의 꿈이 순산을 위해 태동을 시작한다.
봄의 입김으로 가득할
떠나 온 모항의 그리움을 다독이며
남은 여정을 위해 돌고래의 근성을 장전하였다.

숙명의 길

태풍은 온밤 발톱을 세우고 식식거렸다
간간히 찾아 온 황소 같은 그놈은
양순한 바다 살을 갈기갈기 찢어발기고
방파제 초석까지 통째로 흔들었으며
덩치 큰 나무들을 뿌리 채 뽑아버렸다

어부는 광란의 무법자가 다가올 때면
오랜만에 바다를 캐던 고단을 누이고
잠에서 갈망하던 만선의 깃발을 올린다.

태풍이 가면 바다는 몸을 가누지 못했고 어부는
애처로운 눈으로 바다의 살을 어루만지다가
반평생 함께한 무정한 정 때문에
바다가 애처로워 으스러지도록 껴안는다.
지켜야했던 것들이 있어 살아낸 날들
저 멀리 수평선 너머 희망이 있다기에
아내의 눈빛 닮은 유리알 같은 바다를 헤치며
만선을 위해 도수 높은 눈으로 항로를 찾는다.

여수

아버지는 해마다 진남제가 한창일 때면 내 청신경 갈피에 여수 이야기를 상형문자로 꾹꾹 찍어주셨다. 그 문자 속에는 왜군을 무찔렀던 장한 승리가 있고 양민의 학살이 있던 어두운 그림자도 있었다. 이순신 장군 지혜 모으던 진남관 담벼락엔 나팔꽃 한 무리 활짝 피어 그날 그 호령 소리 쩌렁쩌렁 질러대고, 여순사건 때 허망한 주검들은 오월이면 신월동 도로변 이팝나무 꽃으로 피었다 흩어질 뿐 아예 그 소문조차 만성리 동굴 깊숙이 가두고 대못을 쾅쾅 쳐버렸다고 했다. 목숨과 목숨이 무관하며 자유와 자유가 상관하지 않는 그래서 여수 이야기는 지그시 눈을 감았고 상념은 썰물처럼 빠져 나가 흔적조차 허허롭다. 여수사람들은 산호촉수와 별들의 등뼈를 떼어와 날마다 장군도 들머리에 오색 등불을 달기 시작했고 그 등불들에 여수 밤바다는 무아의 신천지가 되어 사람들은 밤마다 중앙동 부두에 앉아 몸을 가눌 수 없을 만큼 취해갔다. 밤의 살을 베던 오색불빛은 살진 바다의 윤슬을 벗기고 번뜩이는 칼날을 휘두르며 밤마다 무녀처럼 춤을 추웠다. 일렁이는 바다의 손은 여수의 밤을 쓸다 밤과 함께 조용히 잠들어가고 있었다.

여수 거북선축제

귓불을 스친 바람이 풀잎을 깨우는 오월, 여수는 벌써부터 축제준비에 하루가 짧다. 1592년 5월 4일 이순신장군이 처음 출전하던 그날을 기리기 위한 여수의 대 축제. 이날이면 거북선 함포소리 펑펑 들리는 날이다, 망루에 올라 진군을 호령하는 장군의 함성이 쩌렁쩌렁 들리는 날이다, 여수사람들은 빛나는 업적을 추앙하며 경건한 마음으로 이날을 연다. 오관오포를 앞세워 위용의 총칼을 휘두르며 가두행진이 시작되면 축제는 드디어 절정에 오르고 골목마다 관광객 함성으로 여수가 들썩인다. 농악소리 흥을 돋고 덩실거린 상모는 중앙동 들머리에 깃발처럼 펄럭이고 동줄을 잡은 어린이들은 "어라 덜렁" 외치며 끝없는 축제행렬로 이어져 간다. 선조 26년 장군이 지평 헌덕승에게 '호남은 나라의 울타리라 호남이 없으면 나라가 없어진다(想湖南國家之保障, 若無湖南是無國家).' 이 서한을 띄우고 적진을 향해 나아가 크게 승전하는 업적을 남겼다. 이 금언이야말로 분명 호남의 자존심을 새우는 천하의 명언으로 호남인의 가슴에 혈서처럼 길이 남을 것이요, 여수 거북선축제야말로 온 국민의 임전무퇴 정신을 심어주는 훌륭한 축제로 영원하리라.

아귀탕

아귀가 아귀탕집 간판 안에서
얼마든지 삼킬 수 있다 입을 열고 있다

사람들로 가득한 식당 안에는
저마다의 행선지가
서울이며 부산이고 대전이며 순천 발
기차표 한 장씩 꼬리표처럼 붙이고 있다

이 모두는 아귀 뱃속에 차례로 앉아
이마에 흐른 땀을 닦으며
내장을 삼키는 광란의 질주 중이다
뱃속은 온통 소음으로 가득 넘쳤다
술병은 비어가도 비틀거리지 않은 사람들
미식은 즐거운 산책이며 삶의 희열이다
내일을 망각한 그들 앞엔 오직 아귀의
깊은 미각에 빠져들고 있었다.
끝나지 않는 삶의 언덕
맛 길 따라 찾아 온 아귀탕집 소묘.

틀
-참치 가두리 양식

해종일 이방의 세계를 동경하며
언젠가 기어이 쟁취할 자유를 부릅니다.
무한의 자유 죽도록 갈망하지만
한 발자국도 나아갈 수 없는
형틀 같은 가두리 속 영어의 몸이 되었네요.
밤낮 휘돌아야 할 멀고도 가까운 이 거리는
나의 일상이며 숙명의 여로인 세지요
밤이면 별을 헤며 저 먼 심해를 활보할 꿈으로
달뜨는 밤이면 달빛에 취해 일렁이며 살지요
언제까지 이토록 별과 달을 사랑할 수 있을까요
인큐베이터 속 시린 기억들을 꺼내어
살랑거린 마파람에 남김없이 실어 보냅니다.
기약 없는 생의 끝자리도 잊은 채
최상의 우량아가 소임임을 잊지 않으며
하루치 삼켜야 할 눈물의 떡밥을 줍습니다.
비정한 삶의 끝
포기할 수 없는 희망을 키우는 난
살신성인의 위대한 보시의 길을 갑니다.

팔미도등대

퇴적층으로 연결된 두 섬의 꼬리가
여덟팔자형으로 맞닿았다하여 팔미도라 부르는
백 년이 넘은 인천 팔경의 하나 팔미도등대가 있다
노을이 잠시 머문 섬 사이 근육질의 물살로 길을 열어
콰에노이강* 같은 무심의 소로를 달리는 끝없는 해류
서해와 남해에서 인천항으로 흘러드는 천해의 수로다
해상교통 요지에 서 있어 일본은 이 등대를
침탈의 요충지로 확정 건립했던 게 분명하다
맥아더 상륙작전도 이곳을 활용했던
높이 7.9m 평면지름 4.67m의 등대섬.
침략의 계략을 등대는 익히 알았을 테지만
그저 함구로 보도 듣도 못한 척 돌아앉아 말이 없다.
시대의 아픔을 멍에처럼 짊어진 백년의 빛 광장
철칙 같은 책무 이제 아들 등대에게 넘기고
세월의 무상과 감사의 메시지를 길게 적으며
백년의 독백을 하염없는 마파람에 날리고 있었다.

*콰에노이강 : 타이 서부지역으로 흐르는 강

기도

살아갈 의미를 아는 사람은 절망하지 않게 하시고
오직 해야 할 일과
하지 말아야 할 작은 일도 구별하게하소서.
나만 제일이고 싶어 하는 욕망이 없게 하시고
언제나 타고르*의 시 「기도」를 암송하게하소서.
피카소의 그림 '인생의 사계'를 감상할 지혜를 주시고
인간의 종말을 읽을 수 있는 인골을 옆에 두고
인생올 관조하며 사색할 수 있는 담대함을 주소서
화해의 지혜를 북돋아 주시고
주검은 종말이 아닌 또 다른 삶의 시작이며
과일이 익어 떨어지는 찰나처럼 성숙하게 하소서.
니체는 '같은 강물에 두 번 발을 담글 수 없다' 했으며
인생을 강물과 눈물로 비유했듯 허무를 깨닫게 하시고
마지막 죽음을 겁내지 않으며 어머니의 자장가처럼
평화롭게 받아드릴 수 있는 여유 아! 여유를 주옵소서.

* 타고르시 「기도」

위험으로부터 벗어나게 해달라고 기도하지 말고
위험에 처해도 두려워하지 않게 해달라고 기도하게 하소서.

고통을 멎게 해 달라고 기도하지 말고
고통을 이겨 낼 가슴을 달라고 기도하게 하소서.

생의 싸움터에서 함께 싸울 동료를 보내 달라고 기도하는 대신
스스로의 힘을 갖게 해달라고 기도하게 하소서.

두려움 속에서 구원을 갈망하기보다는
스스로 자유를 찾을 인내심을 달라고 기도하게 하소서.

내 자신의 성공에서만 신의 자비를 느끼는 겁쟁이가 되지 않도록 하시고
나의 실패에서도 신의 손길을 느끼게 하소서 .

배말

베트남 전통 햇빛 차단용 모자 형으로
음지에서 촉촉한 수분을 즐기는 따개비
진국이 예상되는 풍미의 언어를 담고
혀끝에 감겨오는 감칠맛의 원조
진솔한 품성이 감동을 풀어
오묘한 인품의 정도는 가히 천하 일미다
있는 듯 없는 듯 숨어사는 세월
우리 어머니 눈물겨운 일생을 알고 있다
여울져 오는 물살에 몸을 적시고
그 안에 머물고파 옷섶을 붙잡아도
기어이 떠나가는 해류의 무정
맴돌아가는 물 같은 유랑의 길은 막히고
한 뼘 간이역까지만 허락받은
질곡의 여로는 먼먼 완행의 레일뿐이다.

국악 한마당

구성지게 넘어가는 창부타령을 듣고 있다
흘러내린 소매 끝에 흥겨움이 출렁이고
흔들흔들 쌍 갓 끊은 가락 따라 춤을 춘다
하늘하늘 도포 깃에 귀태가 흐르고
애 끓은 사랑노래에 온 가슴 다 젖는다.
그 몹쓸 사랑, 인생 살만큼 살다보니
그날의 아픔처럼 커다란 울림으로 일렁인다.

창문을 닫혀도 스며드는 달빛
마음을 달래도 파고드는 사랑
사랑이 달빛인가 달빛이 사랑인가
텅 빈 내 가슴에 사랑만이 쌓였구나...

얼마나 불렀으면 골마다 깊은 홍이 파였을까
차라리 인간세계 새처럼 훨훨 날아서나 가던지
구름처럼 두둥실 흘러나 가려무나
듣고 들어도 흥이 솟는 우리가락 좋을시고.

4

인동초

천국의 문에 들려면
새처럼 가벼워질 수 밖에
새처럼 비상하는 영혼이 되어야 하리.
살아간다는 건 하늘을 쳐다보며
가벼워지는 연습을 하는 일이다
이 들판을 건너면
가슴에 남은 멍든 언어들은
조금씩 말문이 트일 수 있을까?

가을 숲길을 걸으며

숲길에 떨어져 쌓인 낙엽을 밟으며
나무가 놓아버린 분신들의 신음소릴 듣는다.
무르익던 풍경은 퇴색되어 가고
입성을 털고 있는
나무들의 더운 숨결이 팔딱거렸다
스산한 곡진 길을 둘이서
뜨거운 언어로 동행하던 진부한 그림 안에서
쓸쓸한 달빛처럼 걸어 나오던 가을 숲길
지켜야 했던 것들이 있어 살아낸 날들이
자꾸 흘러내리는 가슴을 아련하게 적셔 주었다.
바람이 지천으로 누운 낙엽을 깨운다.
잎사귀에 스친 바람의 넋을 데리고
전설처럼 어느 세월의 강을 지나
애련한 사연을 적고 갈 메모지를 들고
새로운 계절은 어느 날 편지처럼 올 것이다.

가을 타다[火]

거실 창을 여니
바람 따라 낙엽 한 잎 하르르 달려든다
창밖을 기웃대다 애써 찾아든 가을엽서
온 산 들녘 가을 색으로 물드는 만상은
한 해를 사는 동안 저마다의 사록이 익어
형형색색 꽃 웃음 터뜨리나 보다

오색물감으로 번져가는 저 황홀한 불덩이는
다음 계절로 가는 길목을 밝히고
충만으로 뒤뚱거린 가을은
불길을 따라 변혁의 한 세월을 건널 것이다
길게 늘어진 저녁노을도 함께 타는데
기우는 하루처럼
이 가을도 속절없이 저물어갈 것이다
타다 불꽃이 꺼지고
벌써 겨울을 앓는 동백숲에 누우면
내일은 오늘보다 덜 아플 수 있을까.

꿈속의 꿈

인생을 누군가는 일장춘몽이라 했다
봄 동산에 누워 한순간 낮잠에 깊이 빠졌다
배시시 일어서는 한낱 봄꿈 같다고

돌아보니 찰라 같은 일생
분명 깊은 잠에 빠져 한동안 허우적거리긴 했다
이순을 넘고 고희를 넘으며
알듯 보를 듯한 생이 분명 꿈결같이 흘렀다
꽃이 피고 눈서리 내리고 시간은 그렇게 허물어져갔다
수많은 사계四季가 푸른 새처럼 날아갔다
이제 막 탄력을 받기 시작한 몇 개의 단어들을
놓지 않으려 얼기설기 붙잡아 맨다
영혼의 구석구석을 뒤져 아쉬움의 문장을 빚는다
나뭇잎이 바람을 읊는 소리와
풀꽃 열리는 소리를 채집하고 그 선율을 베껴본다.
이제는 돌아와 꿈속의 꿈을 놓지않으려 붙잡는다
가난하지만 따뜻한 집을 짓기 시작했고
크고 작은 산들을 불러 모아 담소도 나눌 수 있다
무엇이 인생이고 어떻게 가야 올바른 길인지
바람이 실어오는 먼곳의 독백을 받아 적으며
비틀거린 채 내일이 없는 오늘을 살아내고 있다.

동백이여

들고양이 야성처럼
요염한 입술과 뜨거웠으나 타지 않는 정염
시린 눈바람에도 소중한 몸을 열고
밤이면 달과 별에게 어지간히 윤간을 허락한
불면의 시간을 건너온 정열의 여인이여

투우사가 용맹의 창을 꽂는 순간
쏟아지는 선혈의 처절한 흔적인가
그대 앞에선 오로지
슬픔과 절망은 송두리째 잊으라.

처용의 혓바닥으로
음습한 지상을 핥다
끝내 소멸해가는 허무의 화신이다.

벚나무 가로수

알알이 익어 대롱거린 흑갈색 열매
어미의 젖무덤을 빠는 까만 눈을 가진 아이
그날의 가녀린 향으로 여미어 안은 모정이 있다

봄을 앓던 화신의 얼굴에 열꽃이 돋고
그 열꽃은 하얀 백목련 속살처럼 살아나
부서진 파도의 물거품처럼 봄을 피워낸 꽃
천만 갈래 허공에 눈발 같이 흩날리던
그 황홀했던 순정이
수태와 결실 끝 흑진주 버찌로 익어있다

하얀 드레스로 멋을 부린 화려했던 그날을 기억하며
푸른 융단을 펄럭이며 흘러가는 임부여
꿈으로 넘실되는 찬란한 녹음이여
불면의 책장을 넘기며 언제나 깨어있는 그대는
파란 망토를 끌고 아질아질 또 한 시절로 흐른다.

비에 젖은 깡촌의 사색

안개비가 수런수런
하루를 건너 온 대지를 적신다.

바람이 들판을 건너 간 사이
잠든 호수엔 빗방울이 퐁퐁 음계를 찍고
하늘은 고저 없는 단음의 멜로디로
통속적인 일상의 끝을 노래하고 있다

저녁이 이울어 가등이 눈을 뜨면
우산 하나 느리게 제 그림자를 밟고 가고
발소리도 기근이 든 깡촌 골목은 적막 뿐이다
우물가 소곤거리던 소문도 귀가 멀어
인정도 그 인정을 먹고 사는 이웃도 모두 흉년이다
사막여우처럼 모여 사는 도시사람들
먹이 따라 찾아든 마지막 소굴에서
오순도순 메밀꽃 망울처럼 살고나 있을까
모두가 떠나고 없는 헐렁한 깡촌
사라져가는 것들에 가슴 저미며
비에 젖는 처연함에 내 가슴에도 비가 내린다.

산책길 단상

동이 트자 비는 그치고
눈을 비비며 만나는 아침이 상쾌하다
싱그러운 풀들의 살랑거린 몸짓
가진 자의 살진 엉덩이 같은 묵정밭
그 사잇길 따라 아침을 밟는다.

언제부턴가 농부의 손길이 떠나버린 땅
잠자는 이 땅이 우리의 밥이었고
어머니 젖가슴 같은 소중한 생명줄이었다.
그러나 가난한 자는 떠나고
배부른 자의 거만이 빳빳이 고개 드는 곳
펼쳐진 폐허 같은 옥답이
마침내 작물 없는 황무지로 잠들어
프리미엄만 잡초처럼 웃자라고 있다
풀잎의 싱그러움과 교감하자던 나는
있는 자의 위세가 간교한 여우같아
가슴만 아려오는 아침 산책길의 단상.

살인진드기의 저주

하늘이 짙은 황사로 시력을 잃었다
어제 제주 산간 농부의 부음을 날리고
풀 끝 주검을 유혹하는 흡혈귀는
또다시 검은 이빨을 갈며
나무늘보처럼 풀섶에 가만히 몸을 숨겼다.

2밀리의 몸으로 저주의 혀를 널름거리며
고도의 의술마저 무릎을 꿇린
가장 잔인한 독기품은 포악의 살인자

에이즈와 나병의 절벽에 비틀거린 의술이
그 무서운 공포를 혁파한 산뜻한 고뇌 마저
또다시 무릎 꿇게 하는 무법자들의 모략을
이대로 우두커니 좌시만 하고 있을 것인가
자연을 향유할 자유마저 박탈하고
선량한 인류 생명의 등 뒤에서
가장 약한 척 가장 비굴한 가면을 쓴
추잡한 얼굴로 칼춤을 추는 경멸의 악귀들.

아침운동

상쾌한 아침을 나서니
전생에 나부裸婦였던 바람이
낯선 남자의 등을 떠밀다 물러선다.
내가 걷는 길이 지구의 마지막 구석일지라도
때론 나의 안위를 위해
끝없이 펼쳐진 광활한 필드로 변한다.

가장 치명적인 건
운신을 거부하며 착란을 일으킨 삐걱거린 관절
순간순간 다가오는 시름들과 토닥거리다
고추선 아침의 시간을 행단 중이다

땀에 젖은 내 몸뚱이를 달래며
정겨운 산길 마지막 커브를 돌아 나오면
달착지근한 마음에 상쾌함으로 가득 채운다.
이만한 즐거움이 또 있을까
아침은 분명 관절을 시끄럽게 만들어야 하고
살아있음에 오늘도 절름거려야 한다.
청정한 삶의 맛 최상의 비타민을 마신다.

어버이날 단상

숙명이기에 허리 휘어도
한결 같은 마음으로 사랑했던 세월
가시고기처럼 주워와 억척으로 키웠다
어버이날 아침
가슴 한편에 다소곳이 피어 있는
안개꽃에 쌓인 붉은 카네이션
꽃 속에 감사함을 담았다는 것도
그 의미보다 더 큰 사랑의 고백도
내가 그러했듯
너희 또한 그런 마음이란 걸 알아

세상은 그래서 살만한 것이고
남은 날도
인간이 가야할 바른 길을 걸으며
올곧게 커가는 모습을
자애로운 눈으로 쓰다듬을 것이다.

여름 계곡에서

소나무 잣나무 울울 창창 들어선
여름계곡 시냇가에 발을 담근다.
바람의 손이 한 장 한 장 마음을 들추며
상상의 길을 따라가는 시간
매미소리도 삼켜버린 시냇물이
불더위를 끓어 내리느라 안간힘이다
숨겨 기르던 연정이
흐르는 시냇물 위로 하염없이 흐르고
아직 몇 굽이 남은 생을 끌고
하지절의 한낮 무더위에 몸을 적신다.
무심히 흐르는 물살을 보다가
그 위에 풀잎 하날 사뿐히 띄워놓는다.
이 여린 풀잎도 인생처럼
어느 골짝 쯤 흐르다 가던 길을 멈추겠지
여름이 주는 청량한 바람과 흐르는 물과
힐링하는 하루가 내겐 푸른 선물이다
간간이 향긋한 산내음을 싣고
전생에 작부였던 바람이 겨드랑이를 스친다.

여운餘韻

영혼이 허기져 미로를 헤매는 꿈결이다.
하늘을 유희하며 사라져 간 새들의 작은 점
또는 그 너머의 아스라한 허공
물은 물대로 구름은 구름 대로 흘러버린 아련함
유유자적 부두의 손을 놓고 떠나는 연락선
그가 토한 구슬픈 고동소리
하늘 길 스치는 바람 같은 비행기의 작은 점
간이역 밤 열차 멀어져가는 레일 소리
곱게 피었다 져버린 꽃자리
곁을 떠난 하 많은 아쉬움들에
인생은 소금에 절여지듯
생기 잃어가는 한낱 허무의 옷을 입는다.

아쉬움 두고 아주 멀리 떠나가는 것
가슴 속 책갈피 접듯 차곡차곡 쌓인 여운들에
휘청이며 가슴 에이는 영원한 목마름이다.

인동초

숲길 스치는 바람소리 사각이는
오월 언덕 나팔소리 요란하다
끝없이 뻗어가는 여린 줄기 따라
금, 은색 나팔꽃
오묘한 향을 피워 어느 사랑을 부르는가.
저자골목 얼굴에 분바르고
인스턴트 웃음 파는 작부처럼
밤 새워 남자마음 홀려 놓고
또다시 누구를 향해 추파를 던지느뇨.
길가는 나그네 발길 붙잡고
훤한 대낮부터 어쩌자고 향내를 뿌리는가.
계절이 안겨준 아름다운 선물을 보듬고
꽃 향 흐르는 청산에나 살고파라
나팔소리 높은 골에 익은 봄이 한창이다.

11월은 괄호다

열두 달 중 십일 월은 괄호로 비워두자
고집스레 내달린 바람에 뒤척이는 낙엽들은
그들의 천연 단풍 물로 대지 위를 흘러갔다
산과 들을 횡횡하던 새들도 길을 잃었는가
하늘도 온통 큰 괄호로 비어 있다
그저 허공을 맴도는 바람은
메마른 억새의 하얀 머리채를 잡아 뜯는다.
또 하나의 계절을 낳기 위해 몽상하는 11월
이제 허공 중에 스쳐간 시린 바람의 자유
십일 월은 무한의 자유이며 알몸으로 굴러가는 벌거숭이다
그대 서걱이는 바람의 음반으로 부르는 목쉰 노래는
얼마나 불렀기에 단음의 쇳소리로 목이 쉬었을까
그저 스쳐가는 바람에 할퀸 낙엽의 하소연일 뿐
긴 추억의 그림자만 나를 아프도록 흔들고 있다
십일 월은 모든 것을 털고
새털처럼 가벼운 마음으로 창공을 향해 두 팔을 벌리자
한 해를 끝나가는 정리된 길 위에
조금은 겸손하고 조금은 침묵하는
십일 월 그 허허로운 하늘에 가만히 사색의 길을 트자.

장날 좌판 앞에서

손발이 굽고 전신이 떨려오는 모퉁이 바람에도
끈기와 인내로 좌판을 펼치는 장꾼들이 있다.
좌판 위엔 그들의 인생과 소망과 보람도
진열된 상품 사이에 나란히 놓여 있다
더 높이 쌓고 싶은 희망을 꿈꾸지만 언제나
아쉬움에 비틀거린 파장 때의 씁쓸한 귀로

푸짐하게 차린다고 호객하는 먹거리 집
저만의 색깔을 지닌 군침 도는 미각이
마침 지나가는 시장기의 옷섶을 붙잡는다.

장날마다 광인처럼 중얼거린 흥정이
절뚝이며 건너는 하루 위에 쌓이고
허기진 마음갈피에 또 한 겹 굳은살로 눕는다.
좌판을 깔며 되뇌던 간절한 기도는
회색 빛 삶의 미로를 따라 황망히 스러져가도
오늘을 팔아 또 한 계단 인생을 오르고
한 무더기 보람을 동여 휘인 허리에 얹고는
허둥지둥 반 평 등 기댈 안위를 찾아 가리라.

소년 기타리스트

얼마를 살아 냈다고
간드러진 음을 구르고 던지고 빠개는
능숙한 손맛이 소나기처럼 쏟아진다.
긴장된 심장이 멈출 것 같았다
악기와 한 몸 되어 열연하는 소년은
새끼고양이 같았고 흰 토끼 같았다
다람쥐 같았고 딱따구리 같았다
맺은 꽃망울을 C단조로 떨어뜨렸다
환호해줄 누구도 없는 방
기타 음으로 온방을 가득 채우는
망중한의 시간을 곱게 빗질해 준 신동
어린 음악인의 기타와의 능숙한 대화는
진정 명징한 신의 후예였다
파도 타듯 음을 직조한 노련한 장인이었다.

족적足跡

여자만 물길이 시나브로 퇴적된
사도沙島*에는
섬으로 뿌리내린 공룡들의 발자국이 있다
섬의 심장을 밟고 간 행진이 있다
백악기 지구가 혼돈의 궤도를 넘어
마그마의 속살이 핏기를 잃어 가던 그때
목쉰 울음을 울며 공룡들은
화양면 나진리 선창을 건너뛰었다
먼 윤회의 거리 이쪽에서
물과 불이 들끓어
광란의 처절한 개벽을 떨리는 손으로 채집한다.
파도는 살랑살랑 공룡의 지문을 키우고
흰 빛으로 웃는 태양이 윤슬의 창을 스쳤다
사람들은
중생대 백악기의 불어터진 젖샘을 길어 올려
아가미가 흠씬 젖을 만큼 공복을 다스리며
심장박동 음이 뜨거운
사도의 통속적인 언어를 삼키고
상괭이 배처럼 포만으로 출렁거리며 돌아갔다.

*사도 : 전남 여수시 화정면의 섬 이름 – 퇴적층 위에 남긴 공룡 발자국 3,500점이 찍혀있는 곳.

횡간도 연가

여수 돌산도와 금오도 권역 내수면
수로를 가로질러 잠행하는 바다거북 닮은 섬
광양항 턱밑까지 찰랑이다 돌아 나온 물길이
하루에 두 번씩 옆구리를 걷어차도
삼매에 든 노승처럼 정좌해 있는 섬
밤이면 고삐 풀린 바람과 근육질의 물결에 이끌려
섬은 발정 난 수달이 되어 온 밤 해류를 떠돌다
아무도 모르는 이른 새벽에야 살며시 자리에 들어
곱사등 짧은 목 곧추 세워 까치발로 서있는 섬.
태풍이 미친 듯 날뛰어 산 같은 파도를 대불고 와
거북등을 삼키며 광란의 활개를 칠 때면
섬은 쿨럭쿨럭 거품을 토하다 실신해 버리고
식식거리던 파도가 잠들면 횡간도 사람들은
수면보다 낮은 우물가 촛불을 켜 정화수를 올렸다
가두리 양식장에서 온 종일 비린내로 허기를 채우며
적조의 비위를 달래며 초조의 음지에서 바다를 캔다
여수 돌산도 뒤께 밤마다 외출하는 섬
파도소리 성곽으로 쌓아 양수 같은 갯내음을 키우고
멸치막 귀퉁이 방관의 시간을 핥던 들 고양이 눈 속에
햇살도 경건히 무릎을 꿇는 횡간도가 있다.

돌산대교의 밤

붉은 눈의 개미 떼들이 쌩쌩 활보하는 돌산대교가
이제야 겨우 삐걱거리는 관절을 펴고 길게 눕는다
어질어질 치마폭 펄럭이며 바람도 타고 가고
때론 수면 위에 여울진 나의 그림자를 줍기도 한다.
물과 다리 사이에 안강망 그물을 쳐놓고
고래 입처럼 쩍쩍 벌려 뛰어든 붉은 여우 눈빛을 삼킨다.
아가리 가득 불덩이를 삼키는 입에선 비린내가 나고
서울택시 하나 난간에 앉아 바다를 답승하고 있다
밤이면 두 개의 뿔을 단 해룡이 여의주를 물고
까마득히 출렁이는 명주천 위를 훨훨 날기도 한다
온종일 음계를 실어온 바람이 다리 기둥을 붙잡고
파도소리 닮은 노래를 청아하게 부르기도 한다
다리 사이를 미끄러져 가는 발동선들은
나의 몸을 나누어 싣고 돌고래가 뿜어낸 가쁜 숨을
통 통 토하며 뒤뚱뒤뚱 먼 난바다로 길을 낸다
기침소리도 멎은 봄날
새 순이 눈곱을 떼고 나무들이 발톱을 키우는 돌산공원
벤치에는 연 사흘째 길 잃은 사랑 하나 유기되어 있다.

5

허무에 조각들

소중한 것을 잃은 몽유병자
왜소한 늙은 남자에게서
떠나지 않은 서글픈 조각들과
덕지덕지 쌓인 흐느낌을 본다.
눈이 오고 비가 오고
시간은 그렇게 허물어져 갔다.

계절과 나

새로움이라 해도 새로울 것 없는
언제나처럼 그 모습 그대로 왔다 가는 계절
그 계절의 뒤안길을
우두커니 바라보다 선물처럼 남기고 간
뼛속 깊이 새겨진 상처들을 보듬고
생의 낡은 뜰에서 늦은 저녁을 맞고 있다.
스치듯 내 눈에 박힌 푸른 계절이 가도
안다까워라
계절과 함께 흘러가는 절름거린 인생이여
해맑던 시력이 0.1도만큼 흐려지고
천박해진 남은 날이 약속처럼 어른거린다.
계절이 남기고 간 진부한 이야기를 적으며
어쩔 수 없이 오늘을 소진하고 가는 것은
분명 위선이다 변절에 관한 순응일 뿐이다
꽃이 필 때나 잎이 살랑살랑 춤을 추어도
초라하게 쓰여진 나의 인생론
점자처럼 긴 원한의 시로
해진 가슴 언저리에 콕콕 찍고 갈 뿐이다.

나의 노래는

내가 부르는 노래는
나의 시詩는
비바람 모진 광풍에 잘려나간
폐목언저리
정성스레 키워낸 우듬지이다
가난한 자의 문전을 찾아
진실한 삶을 설파하는 구도자의 독백이다
남은 여력으로 열창하는 마지막 유언이다
내 모든 것을 소진하며
간절하게 피어올린 꽃이다
또 다른 세상에서
또 다른 언어로 우는 바람이어도
그 또한 나만의 세계를 투영하며 흘린
땀방울로 직조된 물무늬의 비단결일 게다
사는 동안 심중에 갈무리된 나의 오르가즘이다
오늘도 혼신을 다해 토해놓은 나의 노래는.

묵도默禱

가을이 두텁게 내린 하오
싸리끝에 앉은 고추잠자리 묵도 중이다
곧똘한 묵념이 차라리 얼음장처럼 차갑다
그날
불쾌지수 질척거리고 습도 넉넉한 굴헝
혜성처럼 고귀한 생을 부여받고
무한 자유를 만끽하던 성하의 시절을 건너며
B29 편대가 퍼붓던 포탄 같은 소나기 속에서도
기어이 목숨을 지탱하던 기적의 순간도 넘었다
초개처럼 죽어 간 전우들은
지금 어느 하늘을 비행하고 있을까
무서리 내리고 황혼이 지는 지금
불타던 사랑도 희열의 순간도
다 흘러 보낸 늙은 잠자리는
양지 언덕 싸리끝에서
파란만장한 생을 반추 중이다
더 이상 지탱할 수 없는 버거운 삶
드디어 내려놓아야 하는 엄숙한 시간
마지막 참회의 파도소리가 높다.

보고 싶은 사람을 보지 못하고 산다는 것은

인생의 지도를 찾아가는 탐험가의 긴 여정 같은 것
서걱거린 바람의 소리를 채집하여 악보를 그리고
온 밤을 적신 신들린 건반의 울림 같은 것
헤일 수 없이 많은 별무지 속에서
죽을 만큼 갈망하며 찾고 싶은 별자리 같은 것
꽃피는 계절 꽃 다 피기 전 저 혼자 벌써 저버린 여운
파도소리 끌어안고 졸고 있는 방파제 끝 수은등의 여명과
바닥을 들어 낸 주산지에 먹이 줍는 허기진 물새 울음이다
버스 차창을 기대어 고개 떨구는 냉기 가득한 시간이며
영하의 밤을 맞는 갈 곳 없는 여행자의 서성이는 발길이다.

밤의 한 가운데를 밟고 오는 서글픈 빗소리를 들으며
보고 싶은 사람을 보지 못하고 살아간다는 건
도려낸 가슴에 냉기의 바람이 쓸고 간 폐허의 벌판이다.

불면증

집요한 불면은 이리떼처럼 달려들었다
백야를 가는 나는 언제나
온 몸이 땀으로 젖어 내렸다

소를 몰던 풀밭 위로 새떼들이
구름처럼 몰려와 온통 암흑 속이다
가랑이를 물고 놓지 않는 앙칼진 개를 피해
한참동안 실랑이를 벌리다가
발끝에 단 프로펠러로 하늘을 나는 동안
땅위엔 온통 악마들이 팔을 휘젓고
혀를 널름거리며 쳐다보고 있었다.
어느 동굴 속을 기어오르다
나의 긴 꼬리를 악어 닮은 여자가 물어
아무리 날개를 퍼덕여도 날 수가 없었다.
돌고래 등을 타고 바다를 가르다
물에 젖지 않으려 심히 끙끙거린다.
밤의 어디쯤에서 야단법석을 쳤는지
목에 통증이 실하게 느껴온다
이쯤 되면 온 몸은 땀으로 범벅이다.
배시시 뜨는 눈가에 아침은 어제처럼 뜨고
몸은 천근으로 내려앉는다.

삶이란

떠가는 구름처럼 자유로운 영혼을 꿈꾼다.
움츠린 어깨를 펴고
맑은 정신과 힘찬 몸짓으로 도전하는 것
사는 동안
잊지 못할 사랑도 만나고
잊지 못할 이별에 눈물도 흘리는
산다는 건 영혼 저 깊은 곳까지
몸과 마음을 촉촉이 적셔내는 일이다
환상 속 따뜻한 바람을 타고 오르며
보헤미아의 자유를 꿈꾸는 것
날 위해 눈부신 태양이 비칠 거라며
밝은 내일을 기대하는 꿈을 먹는 것
꽃들이 만발하듯 아름답게 살아야 한다.
더러는 아픈 삶이 찾아 올 땐
색이 진한 잉크로 밑줄도 그어 놓자, 그리하여
다시는 그 아픈 길을 기어이 기억하자
초침이 지나간 찰나에도 소망의 촛불을 켜자
산다는 건 음지에서 양지를 희구하며
성대하게 연출하는 끝없는 사막이다.

소유와 상실

이별이란
허공에 고삐풀린 바람 같은 것
연민의 중증 홍역열꽃으로 다가와
잠 못 이룬 밤의 여백을 가득 채우던 사모思慕
뜨거운 바람으로 영원의 벽을 차고 올라
행복의 날개를 퍼덕이며 나라 오른 사록史錄
'포르티시모의' 숨찬 악보를 타며
세레나데를 부르던 한 시절의 흔적이 깊다

이별은 이 모두를 앗아간 허무다
내 코에 박힌 모과의 달콤했던 향이
오색 꽃바구니에서 자취 없이 사라져 간 여운
한없이 넓고 푸른 난바다를
오직 나만의 섬을 찾아 달려 온 숨찬 몸짓
채울 때는 먼지처럼 시나브로 쌓이다가
떠난 후엔 암석의 무게로 가슴을 짓누르는 것
아무리 견디어도 통째로 밀려오는 폭풍우다.

*포르티시모 : 악보에서, 매우 세게 연주하라는 말

생을 직조織造하다

비틀거린 나의 독백은
너덜거린 나의 시는
비바람 모진 광풍에 잘려나간
폐목언저리에 가냘프게 피어 하늘한
꽃자루가 길어 슬픈 코스모스다
이 세상에 와 마지막 남긴 서투른 혈서이다
내 모든 것을 소진하며
간절하게 피어올린 영혼의 꽃이다
또 다른 세상에서
또 다른 언어로 우는 바람이어도
그 또한 나만의 생을 유영하며 흘린
진액 땀방울로 직조된 물무늬 비단폭일 게다
사는 세월만큼 살이 오른 새 우듬지
오늘도 새록새록 키워가는 나의 노래는.

석천사* 연가

내가 가는 길이 삐뚤어지고
맞는 해답을 얻지 못해 허둥거릴 때
마래산하 아담한 석천사를 찾는다.
법당에 정좌하고 부처님과 마주하면
인자하신 눈과 내 눈이 마주하는 순간
번뇌에 절인 나의 심신이 녹아
하염없는 눈물이 흐르더라.
그곳에 가면 풀꽃이 열리는 순간과
아주 작은 풀씨가 온 힘을 다해 뛰는 모습과
의식의 변용이라는 것을 알아챌 때마다
속세에 쇠잔해진 작은 가슴이 두근거렸다,
자애로운 눈길로 가엽게 바라보는 부처님의 눈
그 눈을 쳐다보며 나의 모든 소원성취를 빌고 나면
드디어 가벼워진 나의 육신을 만난다.
가난하지만 따뜻한 집을 지으며
멀리 있는 큰 산은 그저 두고 우러르기로 했다
눈을 감고 스치는 바람의 냄새를 맞고
바람이 실어오는 먼 곳의 독백을 듣는다.
몸과 마음이 무거울 땐 석천사엘 갈 일이다.

*석천사 : 여수시 만흥동 마래산 중턱에 있는 사찰

시간은 나를 이끌고

시간은 우리 모두를 이끌고
하염없이 어디론가 떠나자 합니다
겨울을 품은 서북풍의 기세도
봄과 여름 가을을 잉태한 계절의 변화도
타협을 거부한 폭군이 되어
노예처럼 이끌어 가는 저 뚝심의 시간
약속했던 그날도 편지처럼 오고야 마는
이것이 저 약속한 시간의 청구서입니다
진실을 숨기며 인스턴트 친교를 맺고
수많은 인연으로 관계를 짓는 사람 모두가
허수아비처럼 꼭두각시 춤을 추는
한없이 연약한 자의 푸른 꿈이 가엽습니다.
촌음도 방관을 모르는 시간이여
위세가 끝나는 너의 종착지는 어디쯤인가.

허무의 조각들 · 1

–몽상夢想

영원한 의무경찰 인원 군
바람처럼 떠나가고 없어도
버림받은 첫사랑 같은 그리움으로 산다.
그토록 아프던 순간들 세월의 파도에 씻기어
가슴을 에는 그리움의 너로 남아 있다

마주할 수 없는 아쉬움에 몸을 떨어도
저 깊은 대동맥을 타고 흐르다
비 내리는 황혼녘 나의 손끝에 살아나
그리움의 노래로 원고지를 적신다.
봄이면 동풍으로 와 꽃과 잎을 피우며
석양이 길게 누운 들길 귀뚜리 울음으로 울다가
더러는 새벽 꿈길도 동행하며
애달픈 독백으로 온 몸을 떨기도 했다.
하얀 눈 위로 데생처럼 살아나는 몽상夢想
천둥 번개로 찢겨졌던 애비는 새끼새처럼
환상을 잊기 위해 나르는 연습이 필요했다.
퍼덕이던 그런 세월이 가고
이젠 토끼꼬리 같이 남은 석양을 날아올라
젖은 나의 마지막 꿈의 날개를 펼치리라

너와의 별리는 재회의 푸른 약속이기에
진달래색 발그레한 우리의 해후를 위해
아직도 헐거워진 울음의 굳은살을 꿰매는 중이다.

허무의 조각들 · 2

인연줄을 이어주던 온기 식은 한 세월이 갔다
그가 떠난 날이면 기어이 대전 국립묘지를 찾는다.
국립묘지 정문을 들어서는 순간
내 시야엔 구름층이 묘지 위에 겹겹이 내리기 시작하고
대형 태극문양이 구름에 젖은 묘지 위를 감고 돌았다.
묘지석 앞에 서면 진한 수액 같은 목소리로 시를 쓰고
아직도 가슴에 남은 정 보따리를 펼쳐 놓는다.
그 속에서 잊지 못한 연민의 회한이 쏟아지고
얼굴엔 허리케인 같은 설움이 휩쓸고 지나간다.
이래서 다시 올 수 없는 곳
이래서 엮었던 인연일랑 지워내고 싶은 몹쓸 정
죽은 자식의 죽음도 식은지 오랜 묘비 앞에서
생명을 잃은 나무 그림자에 짓눌린 슬픈 관념
아득한 정신을 추스려 전할 수 없는 막잔을 따른다.

허무의 조각들 · 3

-새 지평을 열며

찢어진 가슴을 추스르며 아들을 보낸 후
아 드디어
떨어져 너덜거린 상처에 새살이 돋는가.

비바람 광풍에 처참하게 잘려진 가지도
무정한 세월은 찢겨진 상흔을 다독여
새 우듬지가 무너진 자리를 채워 오른다.
어떤 시인은 안강망 선원의 조금새끼로 울고
나 같은 사람은 조국에 바친 아들생각에 울고
더러는 그 사연 알 수 없는 섬으로 앉아 울다
파란 창공을 배워 희망으로 다시 일어서는
찬란한 내일을 위해 소진된 여력을 추스른다.

사나운 세파 거꾸로 오를 수 없는 것
느리게 먹구름이 걷히고 밝은 태양도 뜨고
인생의 창을 열어 보람의 끝을 찾는다.
가자 인생아!
먹구름을 거두고 다시 새 지평을 열어라.

허무의 조각들 · 4

-성숙

입추가 하늘에 자주색 물감을 풀었다
아이를 보내고 하루도 못살 것 같았던 내가
이제야
정리된 길을 따라와 청빛 하늘을 우러른다.
낙엽 지듯 가버린 아들의 상념 때문에
주눅 들어 벌거벗은 겨울나무로 살다
절망이라는 이름을 벗어나기 위해
꽃이 피고 눈이 오고 또 비바람 광풍에 맞서서
슬픔도 운명인 양 체념 속 벙어리처럼 살았다
십 칠년 동안 나의 길을 걷지 못하고
의식 없이 헐떡거린 몰골 곁에 서성이다
소생을 기원하며 소중한 이름마저 바꿔보며
내 길이 아닌
먼먼 혼돈의 길을 걸었던 뼈아픈 세월

짓물렀던 선명한 상흔은
무정한 세월이 애써 봉합을 했음인가
아무 일도 없었던 것처럼 이제는
저 파란 하늘을 우러른다.
선명한 상처 자국 위로 언제인 듯

저토록 부질없는 바람만 스쳐가고
이제는 많이도 익어있는 나를 응시하며
가여운 내 인생을 조심스레 쓰다듬는다.

허무의 조각들 · 5
–현충일 단상

유월은 모란꽃 사이로 C단조 화음으로 오고
앞 달의 그림자를 물고 뜯겨진 달력처럼
통속한 자국도 없이 유월의 하루가 스친다.
난폭한 데모대들을 실은 트럭들이
휴전처럼 평화를 덧칠한 유성벌을 질주한다
아직도 내 아들의 죽음을 부인하며
슬픔에 젖은 묘비를 가만히 응시한다
유월이 오면 등에 진 무서리를 툭툭 털며
참을 수 없는 편두통 흉통에 비틀거린다
아아, 아들은 정녕 나를 사랑하지 않았나 보다
늦은 저녁처럼 참 오래 아파온 별리의 후유증
영원히 식지 않는 슬픈 아비의 사랑이 있다.

어떤 그날

해가 서녘에 빛의 씨앗을 묻고 나면
비로소
하루치의 피로가 어깨 위를 엄습해 온다.
매서운 추위에도
각혈처럼 젖은 입김을 토해가며
신발이 다 닳도록 뛰어야 했던 세월들
불현듯 떠난 아들을 묻고 오던
천둥이 치던 그날도
숨어 있던 울음 뼈를 닦으며
어둠의 미로를 미친 듯 헤쳐야 했습니다.
드디어
무거워 온 나이를 야윈 등 위에 얹고
굽어 내린 허리를 의식할 때면
유년시절 모래판 씨름에서
친구를 넘기려 애쓰던 그날부터
생은 그렇게 만만치 않으리라 짐작은 했습니다.
잠시 멈출 수 없던 비탈길의 수레를
기어이기어이 굴려야 하는 숙명
쓰디쓴 독백만 길게 써버린 생의 어떤 그날.

불사조

영원한 의무경찰 인원 군과
그 아픈 순간들이 하 많은 세월에 씻기어도
죽어도 못 잊을 순수뿐인 너로 남아 있다.
가슴을 에는 그리움의 너, 사랑하는 너는
대한민국의 의무경찰로 목숨 같은 명령에 복종하다
저 꿈에도 못 가본 자랑스러운 국립묘지
묘지번호 영광의 3375번을 붙잡고 영면하고 있다.

밤마다 그리움에 몸을 떨어도
그 몹쓸 그리움은 대동맥을 타고 흐르다
비 내리는 황혼녘 나의 손끝에 살아나
그리움의 노래로 원고지를 적신다.

봄이면 동풍으로 와 꽃과 잎을 피우며
석양이 길게 누운 들길 귀뚜리 울음으로 울다
애달픈 독백으로 웅얼웅얼 눈물지으며 세월을 쓴다.
눈 쌓인 한겨울
하얀 눈 위로 데생처럼 살아나는 몽상夢想
천둥 번개로 찢겨졌던 심상은
연습을 마친 새끼 새처럼 날개를 퍼덕이다가
서러운 아, 서러운 체념으로 하루를 간다.

이제는
토끼꼬리 만큼 남은 생을 끝내면
젖은 나의 마지막 꿈의 날개를 퍼덕이며
너 있는 하늘 멀리멀리 날아가
기어이 만나리라 만나리라 아들아!
봉숭아 꽃 색 발그레한 그날의 회우를 위하여
헐거워진 울음 뼈를 마저 꿰매는
그 몹쓸 마지막 꿈으로 살고 있단다, 아들아!

유성벌에 쓴 그리움의 노래

청대 같은 젊음, 조국에 드리우고
여기 유성 벌 허망한 묘비로 서서
아들은 영원히 애국의 깃발을 들었다
꽃잎 지듯 사위어간 아들의 환영을 보듬고
소슬바람 쓸고 간 석비 앞에서
부질없는 재회의 날만 기약할 뿐이다.
보고픔에 찢겨져 너덜거린 앙가슴으로
무정한 묘비만 쓰다듬다가
머나먼 레테의 강을 바라보며
비틀비틀 죽도록 사랑한다는 시를 쓴다.
조국 위해 젊음을 던진 자랑스런 아들이여
한 줌 흙으로 산화해 간 애국의 숭고한 얼
아! 부디
온 계례의 가슴에 영롱한 별이 되소서.

현충원에서

우리의 사랑은 마르지 않은 강물
오늘도 유성벌 용사의 묘역을 흘러라
가슴을 짓누르며 다가온 현충일
놓아버린 인연의 끊 더듬거리며 붙잡고
부동의 정렬된 순열의 표석을 헤아리며
분노로 회오리치던 아픈 그날을 보듬는다.
나의 조국이여 영원하라!
용사들의 마지막 남기고 픈 그 한 마디
맹수처럼 울부짖는 골짜기에
뻐꾸기소리만 진종일 가슴을 찢는다.

길은 멀어도

살아갈수록 세상은 파도 자는 날 없고
사념은 거품처럼 부풀다 스러지는데
넘는 세월은 왜 이리 안온하지 못하는가.
나의 시는 장승처럼 외롭고
장승을 휘감은 바람은 차고 매울 뿐이네
그래도 이 길을 위해
날마다 무딘 연필을 깎고 또 다듬는다.
한 소절 물빛 시를 위해 혼을 사르고
한 줌 재가 되어 허공에 흩날릴 지라도
나는 결코 절망 따윈 하지 않을 테요
푸른 언어의 살을 발라
시의 신 앞에 경건히 성찬을 올리고
빈 쭉정이 같은 삶일지라도
둥둥 떠가는 구름처럼 노래하며 살 테요
나의 아름다운 시를 위해
기쁨과 슬픔의 눈물을 섞어
새들이 와 지저귀는
명작 수채화 한 폭 꿈꾸며 살 테요.

푸르른 날의 소산
-에필로그

가을을 수확한 농부의 손길로
철학적 색깔을 조합하여 소중하게 묶습니다.
숨찬 언어들로 그려온 한 폭 그림
때론 가늘고 작은 소리의 화음으로
가파른 삶의 소로를 따라 여기에 섰습니다.

몇 줄의 잔상으로 양동이를 채워도
넘칠 줄 모르던 가난한 여백
시간을 가늠치 못한 채
넋을 잃고 바라보던 치열했던 흔적들
푸르른 날은 그렇게 목마름의 연속이었습니다.

때론 높은 파도에도 항로를 잃지 않았고
길 숲 스치는 바람소리에도 목말라했던 여기
눈이 부시게 푸르른 날의 소산
지구 저쪽으로 사라져 간 그악스런 흔적을
채집하듯 떨리는 손으로 펼쳐 놓습니다.

|평설|

서정의 깊이 생각의 깊이

강 경 호 (시인, 문학평론가)

|평설|

서정의 깊이 생각의 깊이

-김정평 시집 『푸르른 날의 소산』

강 경 호
(시인, 문학평론가)

1.

김정평 시인의 시집 『푸르른 날의 소산』은 몇 가지 경향을 드러낸다. 먼저 서정시의 본질인 "근원으로 돌아가고자 하는 욕망"을 표현한 유년, 어머니, 고향의 정서가 깃들어 있다. 이는 말할 것도 없이 시인이 아직 순수했던 시절로 되돌아가고자하기 때문이다. 그리고 이번 시집 기저에는 노년에 이른 시인이 젊은 시절에 대한 회고와 거기에서 연유한 회한의 감정을 표출하고 있다. 그러면서도 한 인간으로서 바르게 서고 싶은 의지를 보여주고 있다. 더불어 그의 시는 생명에 대한 앙양의식을 지니고 있어 살아있는 생명체를 바라보는 시선이 따스하고 지극하다. 그리고 그의 또 다른 시적 경향은 그가 태어나고 자란 고향바다와 섬에 대한 사유를 다양하게 표출하고 있는 바, 바다를 삶의 터전으로 삼고 있는 사람들의 삶을 들여다

보기도 하고 섬을 의인화시켜 섬에 투사된 시적 상징을 드러내는데 능숙하다.

주지하다시피 서정시는 언어로 감정을 형상화시키는 문학예술이다. 그러므로 어떻게 언어를 구사하느냐에 따라 시적 진정성이 확보가 되는데 김정평 시인의 시편들은 깊은 연륜에서 오는 절제되고 성숙한 언어를 통해 '왜 시를 쓰는가?'라는 질문에 근원적인 존재방식에 대한 대답을 구하고 있어 노년에 이른 그의 생각이 잘 숙성된 지경에 이르렀다고 할 수 있다.

2.

유년에 체험한 정서적 사건은 일생동안 기억하며 시인에게 상상력을 제공하는 원천이 된다. 수많은 체험 속에서도 유독 잊히지 않는 정서적 사건은 시인에게 강한 인상을 남겨 어떤 계기를 통해 자연스럽게 표출된다. 주된 기억은 고향, 어머니 등이 가장 많은데, 그것은 고향이라는 공간이 갖고 있는 순수성과 그리움 때문이다. 특히 유년기 때의 기억이라 아름답게 미화되는 경우가 많다. 어머니나 부모형제, 그리고 유년기를 함께 보낸 친구들도 자주 표출된다. 그 때는 공동체적인 삶을 살았던 농경사회였기 때문인데 함께 부대끼며 살았던 때로 아직 마음에 때가 묻지 않은 순수한 시절이기에 그 시절로 돌아갈 수는 없지만 그리워하는 것이다. 그것은 시인이 세상에 나와 살면서 훼손된 순수를 다시 회복하고자하는 마음에서 비롯된 것이다.

모깃불이 매캐한 초저녁, 아이들은
뒤께에 풀어뒀던 누렁이를 앞세우고
풍경소리 요란스레 골목길로 들어선다.
아버지는 들어선 누렁이 뱃골을 째리다가
소를 자갈밭에 두었더냐?
뱃구리가 구멍이 나것다. 이놈아.
니 오늘 저녁은 묵을라 생각 말어!
고함소리가 쩌렁쩌렁 담을 넘는 순간
어매는 달려와 나의 손을 잡아끌었다
삼베치마폭에 작은 체구를 묻고는
어서 가자 저 정지 앞에 물 떠 놨다
잠뱅이를 벗기고 사타구니며 고추며
지렁이 기어가듯 마른 이마 언저리
오도독오도독 땟자국을 벗기며
글씨 이놈아 부지런히 뜯끼제,
소가 뭘 묵은 것이 없었뜽갑다
아버지 눈치 밑으로 살살 밥상 앞에 앉으면
보리밥 생된장에 물김치 젓갈 한 접시
허벌라게 처넣던 그 날 밤도
웽웽 모기는 도둑처럼 다가와 뜯어쌓고.

-「그해 여름」 전문

시제에서 '그해'를 특별한 것은 어린 시절의 특정한 시간을 특히 잊지 못한 까닭이다. 그러니까 수십 년 전 시인이 소년시절 아이들이 소에게 꼴을 먹이다가 저녁 무렵 집으로 돌아왔는데 아버지께서 홀쭉한 배를 보고 "소를 자갈밭에 두었더냐?"고 나무라면서 저녁밥을 굶기겠

다고 한다. 그러자 어머니가 "잠뱅이 벗기고 사타구니며" 이마를 씻겨주신다. 그러면서 "글씨 이놈아 부지런히 뜯기제"라고 말씀을 하시며 아버지 몰래 밥을 먹이신다. 그러자 비록 보리밥이어도 맛있게 밥을 먹는다. 그 옛날 농촌에서 어린 시절을 보낸 사람들이라면 쉽게 공감할 수 있는 이 이야기는 일생동안 잊히지 않고 오래 기억하고 있을 것이다. 이러한 에피소드가 궂은일이든 그렇지 않은 일이든 오래 기억되는 것은 지금은 사라진 옛날이야기인 것도 그렇지만 지고지순한 유년기의 추억이 오롯하게 떠오르기 때문인데, 그 때 아이들은 세상물정도 모르고 흔히 소 꼴 먹이러 갔다가 실컷 노는 일이 다반사였다. 소를 제대로 먹이지 못해 아버지께 들을 지청구가 무섭기도 했지만 한편으로는 땀으로 범벅이 된 온몸을 깨끗이 씻겨주고 아버지 몰래 밥을 먹이던 어머니의 인정이 그립기도 할 것이다.

이처럼 유년기의 정서적 사건들은 오랜 시간이 지나면 모두 아름답게 환치가 되어 그리움을 유발시키는데 그 기저에는 때 묻지 않은 동심이 작용한다.

흔히 어머니라는 문학적 상징은 늘 가족을 위해 희생하고 사랑을 베푸는 존재로 등장한다. 이는 가부장적인 사회질서 속에서 아버지는 집안을 이끄는 존재이고 어머니는 살림살이와 자식들을 양육하는 처지에 있기 때문이다.

장수리 개펄은 어머니가 갈고닦던 생명의 벌판이다

간조가 되면 젖무덤 같은 풍만한 살을 내어 주고
어머니는 약속처럼 그 위에 당신의 일생을 쓰셨다
계절 따라 굴과 바지락 파래며 갯지렁이가 나왔고
그것들은 일용할 쌀과 보리와 우리들의 학비가 되었다
언제부턴가 어머니의 갯펄 궤적이 흔들리기 시작했고
저기압 기척을 먼저 알고 안방 깊숙이 자리를 펴셨다
야윈 다리엔 갯지렁이 같은 정맥류가 꿈틀거렸고
허리와 어깨쯤엔 소염진통파스가 화전밭처럼 늘어갔다
몇 번씩 빠져나간 손발톱과 지문 없는 손끝은
당신의 일생을 넘던 세월처럼 거칠고 서걱거렸다
유년을 키워준 장수리 개펄은
서럽게 살아온 어머니의 생을 써 내린 자서전이다
세월의 무게로 굽은 허리 낡은 유모차에 얹으시고
눈을 감아도 속내 훤히 알고 있는 어머니는
젖은 눈으로 누운 개펄 위를 천천히 건너고 있었다.

-「어머니의 자서전」 전문

이 작품은 시제가 말해주듯 어머니의 일생을 노래한 시편이다. 이 시집을 통해 보면 시인의 고향은 바다가 있는 섬이다. 집안 살림을 일궈야하는 어머니는 늘 개펄에 나가 굴과 바지락, 파래, 갯지렁이를 채취하거나 잡아 쌀과 보리와 자식들의 학비를 만들었다. 그런데 언제부턴가 어머니는 몸이 편하지 않았다. 개펄에 나가 고된 노동을 하다 보니 삭신이 아프고 "야윈 다리엔 갯지렁이 같은 정맥류가 꿈틀거렸고/ 허리와 어깨쯤엔 소염진통파스가 화전밭처럼 늘어갔다" 그뿐만 아니라 "몇번씩 빠져나간 손발톱과 지문없는 손끝은" "거칠고 서걱거렸다" 가족을 위해 개펄에 나가 일생을 보낸 어머니는 온몸이 성한데 없이 아팠다. 그러므로 "장수리 개펄은 어머니가 갈고닦던 생명의 벌판"인 것이다. 화자이기도 한 시인은 "유년을 키워준 장수리 개펄"은 "서럽게 살아온 어머니의 생을 써내린 자서전이"라고 하는 것이다. 일생을 보낸 장수리 개펄을 어머니는 눈감아도 훤하게 모두 알고 계신다. 그래서 "세월의 무게로 굽은 허리 낡은 유모차에 얹으시고" "젖은 눈으로 누운 개펄 위를 천천히 건너"는 것이다. 시인은 가족을 위해 헌신한 어머니의 일생이 개펄에 씌어져 있다는 인식에 이르렀기에 개펄 위에 어머니의 자서전이 씌어있다고 하는 것이다. 아쉽고 그립고 따수운 이야기이지만 몹시도 아픈 이야기가 깃든 어머니의 자서전이 보여주는 서정의 깊이는 서정시가 추구하는 본질에 가 닿았다고 할 수 있다.

서정시의 시적 공간은 모두 과거일 수밖에 없다. 시인이 직접 체험하거나 간접체험한 지나간 날의 일이기 때문이다. 특히 유년이라는 시공간은 아직 동일성이 해체되기 전이기에 많은 시간이 지난 오늘의 시각에서 바라보면 모든 추억이 아름답게 느껴진다.

김정평 시인의 어머니에 대한 정서는 다양하게 시인의 가슴 속에 아로새겨져 있다. 「썰물」에서는 "어머니의 치맛자락을/ 몇 번이고 넘어져도 놓지 않으려 움켜잡던" 아픈 기억을 노래하고, 「어머니, 꿈이었군요」에서는 돌아가신 어머니가 꿈에 나타나 자식의 손을 한 번 잡아주시

지도 않고 떠나버린 아쉬움이 한(恨)의 정서로 깃들어 있다.「향수」 시리즈 시편에서는 고향에 대한 향수와 함께 어머니에 대한 그리움이 투사되어있다.

> 조부께서 신접살림 나시던 먼 옛날
> 제일 좋은 재목으로 기둥이며 서까래
> 이산 저산 헤매며 상목上木으로 지은 집
> 그곳에서 울 어매 지독한 산통을 듣고
> 내 세상에 온 것을 지긋이 지켜봐 준 집
> 철따라 대숲바람에 봄을 피워내고
> 여름이면 울울창창 솔바람에 땀을 식히며
> 아름드리 배나무 다디단 배들로 풍성했던 집
> 가을이면 감나무 굵은 홍시가 열리고
> 주먹만큼 튼실한 외톨 밤 떨구던 살진 밤나무
> 뒤뜰 유자향 온 누리를 휘감던 그 집
> 윤회의 수레타고 와 만나는 그 집 근처
> 못 잊을 그곳이 우주선 조립동이 되었으니
> 발길 서성이며 비틀거린 젊은 날의 기억 몇이
> 철석이는 파도소리 와와 울어 예는
> 넘치도록 찰방이는 시간 엮어 추억을 마신다.
>
> -「그 집」 전문

"조부께서 신접살림 나가시던 먼 옛날"의 일이다. 그때 "제일 좋은 재목으로 기둥이며 서까래" "상목上木으로 지은 집"에 왜 그때서야 조부께서 신접살림을 나갔는지는 잘 모르겠지만 가장 좋은 재목으로 지은 집이다. 그 집은 어머니께서 화자를 낳은 집으로 "여름이면 울울창창 솔바람에 땀을 식히며/ 아름드리 배나무 다디단 배들이 풍성했던 집"으로 화자의 기억에 매우 풍요롭고 아름다운 집이다. "가을이면 감나무 굵은 홍시가 열리고/ 주먹만큼 튼실한 외톨밤 떨구던 살진 밤나무/ 뒤뜰 유자향 온누리를 휘감던" 그런 집이어서 도저히 잊을 수 없는 집이다. 그러나 "윤회의 수레타고 와 만나는 그 집 근처"에 우주선 조립동이 되어 이제는 그 집을 볼 수도 없고 가볼 수도 없게 되었다. 즉 나로도에 건설된 최첨단 우주센터로 변해버린 자신이 태어나고 추억이 깃든 공간이 된 '그 집'에 와서 그리움 때문에 "발길 서성이며 비틀거린 젊은 날의 기억"이 있다.

화자는 현재라는 시공간에서 과거를 바라보며 그리워한다. 이 때 과거인 유년이라는 시공간 속에는 많은 추억이 깃들어 있다. 이처럼 서정시는 함축된 시간과 공간을 통해 다양한 서사를 읽어내며 그리움이라는 감정을 발현하는 문학형식인 것이다.

3.

김정평 시인의 이번 시집에서 유독 두드러지게 나타나는 정서는 노년에 이르러 느끼는 회감과 깊은 연륜에서 깨달은 삶의 비의이다. 이 시집의 제목이 말해주듯 젊은 날의 추억들을 되새기며 황혼에 이르러 존재의 방식과 통찰을 노래하고 있다. 때로는 회한에 젖기도 하고 때로는 만만치 않은 인생살이에 대해 허무를 드러내기도 한다. 그러면서도 늘 잊지 않는 것은 한 사람의 인간으로서 어떻게 살아야하는지를 내밀하게 사색하는 그의 삶의 태도는 서정시의 기저를 관통하고 있다.

산비둘기도 돌아간 지 오래인데
아직 내리던 비는 그칠 줄 모르고
집요하게 엄습하는 사념들만
추녀 끝에 매달려 낙수 따라 뚝뚝 운다.
어둠을 쓸고 간 바람이
향방을 알려줄 이유도 없고
먼저 떠난 벗님은 어느 구천을 떠도는지
그 또한 알 길 없어라
밤은 깊어 자정을 넘는데
꿈을 만날 단잠은 아직 기척도 없고
그리운 옛 생각만 절름거리며 스쳐간다
아, 사념 너도 속절없이 늙었구나.

-「봄밤야화夜話」 전문

때는 봄날인데 잠든 만물을 깨우는 봄비가 내리는 밤이다. 흔히 시적 상징으로써 '봄'이나 '봄비'는 생명성과 부활과 재생을 의미하지만 이 작품에서는 옛 생각에 잠겨 속절없이 늙어가는 자신을 느끼고 있다. "산비둘기도 돌아간지 오래"에서 비둘기가 밤이 되어 제 둥지를 찾아가는 것을 말함이다. 봄이 되어 마을 뒷산이나 앞산에서 한나절 구구대며 우는 행위는 생명활동으로써 봄날의 생기 발양함을 의미하는데 그 산비둘기가 산으로 돌아간지 오래인 시간이면 초저녁이 아닌 밤중이 될 것이다. 해마다 만물은 봄이 되어 다시 푸르게 살아오는데 "아직 내리던 비는 그칠 줄 모르"고 화자는 깊은 사념에 젖어있다. 그 때 바람은 비 내리는 어둠을 뚫고 지나가는데 사념에 빠진 화자는 "먼저 떠난 벗님은 어느 구천을 떠도는지"를 생각한다. 일반적으로 비 내리는 봄밤이면 사랑을 꿈꾸는 것이 당연할진대 화자는 먼저 세상을 떠난 친구 생각에 시름이 깊어 "밤은 깊어 자정을 넘"기며 잠들지 못하고 있다. 옛 생각이 많아진 봄밤에 화자는 이러한 자신을 발견하고는 "아, 사념 너도 속절없이 늙었구나."하면서 회한에 젖는다. 흔히 젊은이는 미래를 말하고 늙은이는 과거에 매달린다는 말이 노년에 이른 화자에게도 적용되고 있다. 그러나 이러한 화자의 심사는 어쩔 수 없는 행위로 수많은 인생 곡절을 겪었고 먼저 이승을 떠난 친구가 있기 때문이다. 그러므로 서정시는 연륜에 맞는 감정을 형상화시키는 것이다.

다음의 「여로」는 보다 구체적으로 시인이 어떻게 젊은 시절을 지나왔으며 노년에 이르러서는 어떠한 존재방식으로 삶을 살아가는지를 말해준다.

곱게 펼쳐진 저 들길 끝의 황혼
황혼에 물들어가는 나의 모든 것이
머리 풀린 갈대처럼 허허롭네.
날선 발톱과 매 눈 같은 눈동자를 굴리며
세상을 온통 한달음에 닿고팠던 젊은 야심
그 길은 늘 허기졌고 절뚝거린 험로뿐이었네.

절망할 시간마저 허락받지 못한 삶
그 삶을 등에 지고 앞만 보고 온 사내는
가까이 출렁이는 청빛 바다를 보며
커다란 야망과 희망의 풋풋한 꿈으로 살았네.
돌아보면 손가락 사이로 빠져나간 바람 같은 세월
그 허무한 세월에 절여진 나의 회색빛 석양을 보네
모래톱에 홀로 우는 물새 울음 같은
생은 늘 외롭고 쓸쓸한 석양이었네, 이제
늦은 저물녘 무엇을 더 바라는 꿈을 먹을 것이냐
그냥 이대로 눈 감는다 하여도 그저 감사할 뿐이네.

-「여로」 전문

본래 '서정'은 '감정의 표현'을 의미한다. 이는 서정시가 감정표현을 하는 문학양식이라는 특성을 드러내고 있음을 말한다. 여기에 한마디 덧붙이자면 '서정'은 '가장 때 묻지 않은 감정'이라고 할 수 있다. 설령 고약한 언어를 차용하여 시를 썼더라도 그것이 지향하는 의미가 '선한 감정'이라면 서정시의 본질에 닿아있다고 할 수 있다. 그리고 '정서'는 다양한 감정, 즉 구체화된 사랑이나, 그리움, 때로는 원망하는 마음조차 '정서'라고 할 수 있다.

결과적으로 '서정'이나 '정서'는 거의 같은 말로 이해해도 된다. 김정평 시인의 시편들은 모두 시인의 '서정' 혹은 '정서'가 투사되어 있다. 그런데 요즘 일련의 젊은 시인들의 시편에서는 그 시인의 감정을 이해하기 힘들거나 감정이 왜곡된 경우가 있다. 서정시의 본령적인 차원에서는 쉽게 이해가 되지 않는다. 일부 비평가들이 이러한 시인들에 대해 옹호하고 있어 서정의 개념이 흔들리는 듯이 보이지만 필자는 김정평 시인의 지니고 있는 서정의 본령을 옹호한다.

「여로」에서 "곱게 펼쳐진 저 들길 끝의 황혼"은 말 그대로 '들길 끝에 물들어오는 저녁 무렵' 쯤으로 이해하겠지만 시인은 여기에 상징적 의미를 부여하고 있다. '젊은 시절을 지나 이제 다다른 저녁 무렵'이거나 '아침에 출발하여 하루를 마무리 짓는 저녁 무렵'으로도 이해할 수 있다. 그러나 이러한 문장 뒤에 시인이 숨겨둔 것은 '인생 황혼'을 의미한다고 볼 수 있다. 이렇듯 시인은 "곱게 펼쳐진 저 들길 끝의 황혼"을 통해 노년에 이른 자신의 처지를 말하고 있는 것이다. 이렇듯 여러 가지 비유를 통해 자신의 감정을 표현한 것은 시인의 상상력이 거기에 미쳤기 때문이다. 즉 시인 자신의 감정을 언어를 통해 훌륭하게 형상화시킨 것이다. 이것이 바로 서정시의 본질에 충실하고 있다는 증거가 아닐 수 없다.

이 작품은 젊은 시절에는 "날선 발톱과 매 눈 같은 눈동자를 굴리며/ 세상을 온통 한달음에 닿고 팠던 젊은 야심"을 가지고 살았는데 그 길에서 만나는 수많은 난관을 거쳐 왔다고 고백한다. 이렇게 사는 것이 인생이라고 인식하며 살아왔지만 그러나 "돌아보면 손가락 사이로 빠져나간 바람 같은 세월"이었다고 깨닫는다. 그래서 이제는 "늦은 저물녘 무엇을 더 바라는 꿈을 먹는 것"인가라는 인식에 도달하여 모든 것이 감사할 뿐이라고 자신이 지나온 삶을 정리하는 것이다. 그렇다면 김정평 시인의 삶에 대한 인식의 변화는 곧 그의 정서가 차차 변화가 있었음을 말하는 것이다.

이처럼 나이 들어가면서 변화하는 시인의 정서는 태풍이 부는 바다를 건너와 저녁 무렵 잔잔한 항구에 정박한 듯한 모습에 이른다.

「가을 타다[火]」 역시 깊은 깨달음에 이른 노년의 정서를 보여준다.

거실 창을 여니
바람 따라 낙엽 한 잎 하르르 달려든다
창밖을 기웃대다 애써 찾아든 가을엽서
온 산 들녘 가을 색으로 물드는 만상은
한 해를 사는 동안 저마다의 사록이 익어
형형색색 꽃 웃음 터뜨리나 보다

오색물감으로 번져가는 저 황홀한 불덩이는
다음 계절로 가는 길목을 밝히고
충만으로 뒤뚱거린 가을은
불길을 따라 변혁의 한 세월을 건널 것이다
길게 늘어진 저녁노을도 함께 타는데
기우는 하루처럼
이 가을도 속절없이 저물어갈 것이다
타다 불꽃이 꺼지고
벌써 겨울을 앓는 동백숲에 누우면
내일은 오늘보다 덜 아플 수 있을까.

-「가을 타다[火]」 전문

화자가 "거실 창을 여니/ 바람따라 낙엽 한 잎 하르르 달려든다" 화자는 그것을 "가을엽서"라고 느낀다. 여기에서 시적 시공간은 '가을'이다. 일 년 중 결실을 의미하는 계절 가을을 말하고 있지만 화자에게는 인생의 가을을 지칭하기도 한다. 화자에게 달려든 "가을엽서"는 많은 것을 함의한다. 이제 곧 메마르고 추운 겨울이 올 것이고, 인간의 삶도 죽음에 이르는 때가 더욱 가까이 왔음을 고지하는 "가을엽서"인 것이다.

그렇다고 해서 "가을엽서"가 부정적인 의미만을 갖는 것이 아니라 가을이 다가오기까지 인동의 세월인 겨울을 극복하고 봄날 싹과 꽃을 틔워 무성한 여름을 지나 이제 풍요로운 계절이 왔음도 의미한다. 그렇기 때문에 "온 산 들녘 가을 색으로 물드는 만상"이라고 하거나 "형형색색 꽃웃음 터트리나보다"고 하는 것이다. 그래서 마침내 가을은 "황홀한 불덩이"가 되어 "다음 계절로 가는 길목을 밝"힐 것이라고 한다. 그렇지만 "기우는 하루처럼/ 이 가을도 속절없이 저물어 갈 것이"라며 모든 만물은 변하는 것임을 갈파한다. 이렇듯 자연의 변화처럼 인간의 삶도 변하는 것이어서 마침내 자신의 삶을 완성할 것임을 말하지 않아도 충분히 짐작할 수 있다. 삶과 죽음이 시작과 끝이 아니라 순환한다는 순환론적 시간관을 보여주고 있다.

살펴보았듯이 김정평 시인의 자연을 바라보는 시선은 그것들을 통해 인간의 삶을 노래하고 있는데 자연의 생태적인 모습에서 삶을 성찰하고 깊이 통찰하는 모습을 보여준다. 「꿈속에서」는 인생을 일장춘몽으로 인식하면서, “무엇이 인생이고 어떻게 가야 올바른 길인지”를 스스로에게 되묻고 있다. 「여운餘韻」에서는 하늘을 나는 새들도 어디론가로 사라지고, 물과 구름도 흘러가버리고, 하늘의 비행기는 물론 밤열차 역시 어디론가로 가버리는 아쉬움에서 화자는 허무를 느낀다. 「계절과 나」에서는 세월이 흐르면서 흐려지는 시력처럼 지나고 보니 “초라하게 쓰여진 나의 인생론”을 쓰고, 「묵도默禱」에서는 산전수전 다 겪은 후 파란만장한 생을 반추한다. 「허무의 조각들」 연작시에서는 군에서 먼저 간 아들에 대한 안타까움과 회한, 그리고 그리움을 토로하고 있는데 쓰디쓴 인생의 의미를 다시금 곱씹이 보기도 한다.

4.

서정시의 본질의 핵심은 ‘발견’이다. 발견은 숨겨져 있는 것을 먼저 찾아내는 행위이다. 발견을 위해서는 상상력이 절실하다. 상상력은 기존의 낡아빠진 관념을 탈피할 때 가능하다. 이렇듯 상상력을 통한 발견은 ‘인식의 새로움’에서 오는 것으로 늘 참신하고 개성 있는 것을 요구하는 독자들의 지적 호기심을 채워줄 수 있는 것으로 모든 예술의 원동력이 된다. 이 때 발견은 내용의 새로움뿐만 아니라 형식의 새로움도 함께한다. 그러므로 모든 예술은 낯설 수밖에 없으며 때로는 쉽게 소통이 되지 않는 경우도 있다. 특히 시문학은 언어예술이기에 더욱 독자들에게 어렵게 다가가는 경우가 많다. 그럼에도 불구하고 김정평 시인의 언어는 낡거나 진부하지 않은 작품들이 많다.

뾰쪽하게 얼굴을 내어 민
예리한 애기촉 끝을 발견하는 순간
피아노 건반에 닿는 손끝에서 튀어 나온
가장 높은 음 중 단음의 울림 같은
무언의 놀라운 함성을 날렸다
어미 품에 감싸여 젖을 빠는 아기의 모습
노성의 정겨운 순간을 숨죽여 적어 내렸다
생명의 탄생은 저토록
엄숙하며 환희요 축복인가
암흑의 시간을 열고 모래흙 사이로 일어서서
성난成蘭이 될 때까지 초록의 말씀을 상기하며
연년이 저 탐스런 가을의 초립에서
기어이 한 줄기 튼실한 꽃대로 만날 것을
나의 시선과 굳은 약속의 손을 잡는다.
-「애기난의 출현」 전문

김정평 시인의 시적 경향에서 생명성을 탐구하는 시편들은 매우 값지다. 화자는 난을 키우고 있나보다. 누군가에게는 아무런 의미가 없는 행위일 수도 있지만 난을 키우며 소소한 즐거움과 행복을 느낀다. 그런데 어느 날 "뾰쪽하게 얼굴을 내어민/ 예리한 애기촉 끝을 발견하는 순간/ 피아노 건반에 닿는 손끝에서 튀어나온/ 가장 높은 음 중 단음의 울림 같은/ 무언의 놀라운 함성"을 날린다. 매우 감각적인 이 시행들을 통해 새롭게 싹을 내민 난촉에 행복해하는 화자의 모습이 눈에 선하다. 내용

적으로는 애기난의 출현을 발견하는 모습이 담겨있는 시행이지만, 이에 대한 반응을 언어적으로 형상화시킨 것에서 시인의 언어표현능력이 더 놀랍다. "피아노 건반에 닿는 손끝에서 튀어나온/ 가장 높은 음 중 단음의 울림 같은"이라며 애기난이 싹을 내미는 일이 얼마나 행복한지를 표현하는 대목이 감각적이면서도 매우 참신한 형상화이다. 그리고 애기난의 출현을 "어미 품에 감싸여 젖을 빠는 아기의 모습" 또한 놓치지 못할 참신함을 더해 독자들에게 애기난의 모습을 진정성 있게 전하고 있다. 화자는 애기난의 출현을 "엄숙하며 환희요 축복인"지를 묻는다. 새로운 생명에 대한 화자의 경이가 놀랍게 다가온다. 화자는 애기난이 언젠가 피워낼 꽃에 대해 기대하며 "기어이 한 줄기 튼실한 꽃대로 만날 것"이라고 한다.

김정평 시인의 시적 경향 중 생명성을 탐구하는 시편들은 꽃과 자연을 바라보는 따스한 시선이 깊고 그윽하다.

두터운 엄동의 벽
눈 덮인 동토를 차고 올라
가장 먼저
봄을 노래하는 노랑 화신이 있다

너의 바지런한 조상의 가르침을
기어이 실천하는 아픔은
도대체 무엇을 잘못한 아름다움인가
고행의 길 위로 내려앉은 시간의 퇴적층 아래

없는 듯 낙엽을 덮고 오롯이 잠들었다
빈자리에 내린 햇살이 코끝을 간질이면
습관처럼 잠자는 봄을 먼저 깨우는 너
못 다한 말로
못 다한 가슴으로
강산의 푸르름이 목말라할 때
슬프도록 꽃잎을 여는 너 복수초여.

-「복수초」 전문

주지하다시피 '복수초'는 봄이 오기 전 눈을 밀고 싹을 틔우는 끈질긴 생명력을 보여주는 식물이다. 시인은 이 작품을 의인법을 통해 복수초의 생태적 특성과 성격을 말하고 있다. 눈 덮인 언 땅을 뚫고 올라오는 봄의 화신이라거나 부지런한 성격은 조상의 가르침이라고 한다. 그런데 무엇을 잘못했길래 "고행의 길 위로 내려앉은 시간의 퇴적층 아래/ 없는 듯 낙엽을 덮고 오롯이 잠들었다"며 복수초가 낙엽에 덮였다가 이른 봄 새싹을 틔어올리는 생태적인 모습을 그리고 있다. 또한 "습관처럼 잠자는 봄을 먼저 깨우는 너/ 못다한 말로/ 못다한 가슴으로/ 강산의 푸르름이 목말라할 때/ 슬프도록 꽃잎을 여는 너"라고 하며 봄을 제일 먼저 알리는 꽃에 대해 찬하고 있다. 얼핏 보기에는 단순하게 복수초라는 식물의 생태적 특성을 노래한 것으로만 볼 수 있겠지만, 그러나 이 작품은 시인의 생명성 앙양에 대한 경이를 보여준다고 할 수 있다.

「비」는 근원적인 생명성을 탐구하는 시편으로 시인의

생명관을 유추해볼 수 있다.

유리창에 모로스부호를 날리는
숨가쁜 신호음을 들으며
허공을 뛰어든 담대한 너를 만난다
잎새들이 첩첩이 쌓인 미로의 페이지 위에
추락에 관한 불변의 법칙을 설파하며
아주 낮은 소리로 내려앉은 길손이 있다
전생에 나무였던 너는
발가벗은 채 낮게낮게 몸을 누이고
알몸으로 드넓은 대지를 보듬어 안은 너
하늘이 주는 희망 또는 절망의 몸이었다가
때론 타는 목마름까지 베풀어주는 자선
길 위를 적신 저 암갈색 화합의 정신
스스로 갈 길을 찾아가는 물뱀 무리
안주할 종착지는 기어이 비밀로 두자
천성이 포용하며 용서하며
끝내 화합하는 겸손의 말씀으로
스스로의 자존까지 지켜내는
인간에게 영원한 근원이며 생명이다.

-「비」 전문

'비'는 물의 또 다른 이름으로 생명의 근원이며 생명 그 자체이다. 그러므로 물이 없는 세상은 죽음 그 자체이다. 인체의 70% 이상이 물로 이루어져 있으며 우리 선조들은 하늘에 제사를 하며 기우제를 기낸 것도 모두가 물이 생명의 근원이기 때문이다.

화자는 실내에서 비가 내리는 모습을 바라보고 있다. 하늘에서 내려와 유리창에 부딪치는 모습을 화자는 "모스 부호를 날린다"고 한다. 이는 비가 내리는 모습을 형상화한 것으로 그 모습이 무전 칠 때의 모스 부호처럼 타전하고 있다고 인식했기 때문이다. 이 작품 역시 비를 의인화한 까닭에 비를 "담대한 너" 또는 "길손"이라고 말할 수 있는 것이다. 특히 "발가벗은 채 낮게 낮게 몸을 누이고/ 알몸으로 드넓은 대지를 보듬어 안은 너"라고 하고 있는데 "나부" "발가벗은" "알몸"이 지칭하듯 에로티즘적으로 비를 의인화하고 있지만 에로티즘과는 상관없이 '때 묻지 않은 순수한 존재'로 인식하고 있는 것이 참신하다. 그런 까닭에 "하늘이 주는 희망 또는 절망의 몸" "타는 목마름까지 베풀어주는 자선"으로 비의 성격을 규정하고 있어 주로 비가 희망적인 존재라 하고 있다. 뿐만 아니라 비를 "길 위를 적신 저 암갈색 화합의 정신"이라 하고 있는데 여기에서는 '화합의 정신'으로까지 승화되고 있어 비의 지경을 높은 차원의 정신세계로까지 끌어올리고 있어 흥미롭다. 비를 인식하는 화자의 시각은 "스스로 갈 길을 찾아가는 물뱀 무리"라고 하는 데에서는 매우 감각적인 표현으로 뱀이 갖고 있는 이미지까지 비에 차용하고 있다. 궁극적으로 시인은 '비'라는 기상현상을, 또는 비라는 사물을 "영원한 근원이며 생명이"라는 인식에 도달하여 의인화법을 통해 '비'가 생명성의 상징임을 갈파하기에 이른다.

생명성 탐구를 하는 김정평 시인의 시편들은 주로 자

연이 주된 소재가 되고 있는데 「난향蘭香」에서는 향기로운 꽃을 피운 난을 통해 지하철 출구 계단을 올라가는 진초록 롱패딩에 허리를 잘록하게 감싼 여인을 떠올리며 난향이 사랑에의 욕망을 자극한다하고, 「아름다움은 거저 주는 것이 아님을」에서는 꽃나무들이 아름다움을 갖기 위해 "몇 칼로리의 자양분을 빨아야하고/ 몇날몇밤을 힘줄 성긴 역사를 써야 하"는지 많은 인고의 시간을 가져야 한다고 말한다. 「봄의 소리를 채집하다」에서는 이른 봄 산속에서부터 어떻게 봄이 잉태되어 다가오는지, 나뭇가지에 부는 바람에서조차 봄의 발자국 소리를 포착하는 시인의 내밀한 시선이 결과적으로 생명성을 담아내고 있다. 「오월」에서는 "새 한 마리 푸른 융단 속으로 숨는다" 에서 보듯 무르익은 봄날의 충만한 생명성을 노래하고 있다.

5.

김정평 시인의 시집 『푸르른 날의 소산』은 제목이 암시하듯 젊은 날로부터 지금까지 살아온 생의 체험을 시로 형상화한 것들을 담아낸 하나의 역사이다. 앞에서 밝혔듯이 어머니와 유년 등 고향의 정서를 담아낸 시편들, 청춘 시절에 대한 회고와 거기에서 파생한 회한의 감정을 드러낸 시편들, 자신을 바르게 이끌고자 한 이른바 견인 시편들, 그리고 생명성을 드러낸 시편들이 주를 이루고 있다. 그리고 바다와 섬에 대한 사유를 표출하는 시편 등 다양한 시적 경향을 보여주고 있다.

이러한 그의 시편들은 시인 자신의 생체험에서 연유한 것이기에 더욱 진정성이 느껴진다. 또한 깊은 삶의 연륜에서 배어나오는 정서와 메시지는 인간의 존재방식과 '왜 시를 쓰는가?'라는 물음에 대답하게 하고 있는 것에 김정평 시인의 시의 미덕이 있다. 특히 절제된 언어는 그의 시를 언어미학적으로 승화시키고 있어 이번 시집의 가치와 의미를 심화시키고 있다. 그러므로 그의 시집『푸르른 날의 소산』은 서정시의 핵심인 '서정'이 생각의 깊이와 언어의 심미성에서 연유하고 있어 더욱 그 가치가 크다고 할 수 있다.

|엮고 나서|

'문학'은 도덕과 윤리, 충성심과 권력의 무상함 등 문학인의 철학적 사상이 강조되어야 하고 시대와 사회성을 반영하는 거울과 같아야 한다.

"나는 왜 시를 쓰는가?"라는 물음에 대해서 아직 답하지 못한 채 나 있는 길을 따라 또다시 여섯 번째 우를 범하고 만다.

자신의 의지로 시인의 길을 선택했다면 써야 한다. 그리고 쓸 것이다.

문학을 경작하는 길이야 말로 엄숙한 수행자의 모습과 흡사하다. 이러한 모습의 준엄峻嚴과 인내와 냉철함은 곧 시를 생산하는데 기본이 되기 때문이다.

살면서 때론 무의미하게 보냈던 것 같은 날들도 돌아보면 삶의 소중한 나이테의 한 부분 이였던 것처럼 어떤 목적을 담지 않은 참 모습을 투영해 갈 것이다.

그 이유는 오직 시인이기 때문이다.

김정평(정재) 제6시집

푸르른 날의 소산

2020년 8월 5일 인쇄
2020년 8월 15일 발행

지은이 | 김정평(정재)
펴낸이 | 강경호
인쇄 · 기획 | 도서출판 시와사람
등록 | 1994년 6월 10일 제 05-01-0155호
주소 | 광주시 동구 양림로119번길 21-1(학동)
전화 | (062)224-5319
팩스 | (062)225-5319
E-mail | jcapoet@hanmail.net

ISBN978-89-5665-569-7 03810

값 10,000원

* 잘못된 책은 바꾸어 드립니다.
* 이 책은 전라남도, (재)전라남도문화관광재단의 후원을 받아 제작되었습니다.

공급처 ■ 한국출판협동조합
경기도 파주시 탄현면 오금리 202번지
주문전화 (02)716-5616, 070-7119-1740